自分を否定しない習慣

ホスピス医
小澤竹俊

アスコム

はじめに

看取りの現場でよく耳にする
「迷惑をかけたくない」という言葉

私は大学院を卒業した後、救命救急センターや農村医療に従事し、1994年から、全国に10か所程度しかなかったホスピス病棟の一つである、横浜甦生《かいせい》病院のホスピス病棟で働き始めました。

これが、ホスピス医としての人生のスタートであり、2006年には神奈川県横浜市瀬谷にめぐみ在宅クリニックを開院。

30年近くの間に、4000人以上の患者さんを看取ってきました。

看取りの現場で、私がいつも感じるのは、最初のうち、自分自身や自分の人生を否定される患者さんが非常に多いということです。

中でもよく耳にするのが、「迷惑をかけたくない」という言葉です。

かつて、一生懸命家族を守り、支えてきた人でも、会社や社会のために必死で働いてきた人でも、年齢を重ねたり病気になったりして体の自由がきかなくなり、一人でトイレに行くことさえままならなくなると、何もできなくなってしまったこと、他者や社会の役に立たなくなったことに絶望します。

そして、自分を「家族や周りの人に迷惑をかけるだけの存在だ」「何の価値もない人間だ」と責めるようになり、「さっさと死にたい」「自分なんか生きていても仕方がない」、さらには「これまでの人生は何だったのか」「自分の人生には意味がなかった」と嘆くのです。

そんな患者さんの言葉を聞くたびに、私は胸が締めつけられます。

自分の死を願うこと。

自分の存在を厭《いと》うこと。

自分の人生に価値がないと感じること。

これほどつらい自己否定はありません。


人生にはどうしても、他者に迷惑をかけざるをえなくなる局面、人の助けを借りなければならなくなる局面が訪れます。

迷惑をかけたり、かけられたりしながらも、「お互い様」と言って支え合い、許し合う。

そんな姿勢も、人が穏やかに、幸せに生きていくうえで必要不可欠です。

「自分は、他人に迷惑をかけるだけの存在だ」と考えてしまう人には、責任感の強い人、真面目な人、優しい人が多いように感じます。

その責任感、真面目さ、優しさが、自分を否定するという感情につながってしまうのは、とても悲しいことです。

ただ、「他人に迷惑をかけたくない」という思いから自分を否定してしまうのは、人生最後のときを間近に控えた患者さんだけではありません。

若い人、健康な人であっても、「他人に迷惑をかけたくない」という気持ちから、迷惑をかけてしまっている自分を肯定できずにいる人、「自分なんていないほうがいい」と思ってしまっている人が、たくさんいるのではないでしょうか。

誰かと自分を比べ、今の自分を否定する人もいる

私がこれまで関わらせていただいた患者さんの中には、誰かと自分を比べ、今の自分を否定する人もいました。

その誰かは、自分より恵まれている他者であったり、元気だった過去の自分で

あったりします。

そして、「なぜみんなは楽しそうに生きているのに、自分だけがこんな目に遭《あ》うのか」「あんなに元気だった自分が、なぜこんな目に遭っているのか」と、今の自分を否定してしまうのです。

おそらくみなさんの中にも、自分よりも成績がいい他者、高い地位や名誉、収入などを得ている他者、幸せそうな他者、輝いていた過去の自分、思い通りに生きられていた過去の自分などと今の自分を比較して、自分を否定している人がいらっしゃるのではないかと思います。

あるいは、他者からのネガティブな評価を、そのまま受け入れてしまっている人もいるかもしれません。

たとえば、子どものころ、親や教師など周りの大人から「ダメな子」と言われたり、試験や仕事でなかなか思うような成績が上げられなかったりしたために、自信や自己肯定感を持てずにいる人も少なくないでしょう。

自分のせいではないことを
自分のせいだと思う子どもたち

一方、世の中には、決して自分のせいでないことまで自分のせいだと思い込み、自分を責め、否定してしまう人もたくさんいます。

たとえば、私はかつて、肝臓がんにかかり、余命わずかだと診断された30代の女性の患者さんに関わったことがあります。

彼女は、苦しみの中で、「私がこの病気になったのは、過去に友人を傷つけた報いかもしれない」と繰り返し言っていました。

冷静に考えれば、がんになったことと、彼女の過去の行いには何の因果関係もないのですが、彼女は自分のせいではないことまで自分のせいだと思い込み、自分の過去を否定していたのです。

また、私は2000年から、私がホスピスの現場で学んだことを、今を生きる子どもたちに伝える「いのちの授業」を、各地の学校で行っていますが、そこで出会う子どもたちから、

「親の機嫌がいつも悪いのは、自分が悪い子だからだ」

「自分が無力だから、友だちの悩みを解決してあげることができない」

といった苦しみの声を聞くことがしばしばあります。

親御さんの機嫌がいつも悪いのも、友だちの悩みを解決できないのも、決してその子のせいではないのですが、それを自分のせいだと思い込み、自分自身を否定してしまっているのです。

中には、「自分は生きていても仕方がない」とまで感想文に書く小学生もいます。

自分のせいではないことまで自分のせいだと思い込んでしまい、自分を肯定できず、「生きていていい」という気持ちを持つことができない。
そんな苦しみを抱えている人は、子どもでも大人でもたくさんいます。

自分を否定する気持ちそのものがなくなることはないけれど

このように、私たちはさまざまな理由から自分を否定し、責めてしまいます。

自分には価値がないと思う。
自分の存在を消したいと思う。
自分の人生、自分の過去には意味がなかったと思う。
今の自分のあり方を「これで良い」と肯定できない。

これらはいずれも、自分を否定する気持ちです。

社会の中で生きる私たちは、「他人に迷惑をかけてはいけない」という考えや、他者や過去の自分と今の自分を比べてしまう気持ち、自分のせいでないことまで自分のせいだと思い込む心の動きを完全に消し去ることはできません。

したがって、自分を否定する気持ちを完全になくすこともできません。

私自身、自分を否定したくなる気持ちが芽生え、くじけそうになっては、自分にとって本当に大切な何かに支えられ、再び前を向いて歩き出す。

そんなことを繰り返しています。

人は、いのちが尽きる最後の瞬間まで、否定と肯定を繰り返す生き物なのかもしれません。

ただ、自分を否定する気持ちが消えないからといって、自分を否定することを

「仕方がない」とあきらめたほうがいいとは、私は思いません。

自分を否定し続ける人生は、とてもつらく苦しく悲しいものだからです。


人間はどうしても、ネガティブなものに引きずられやすい傾向があります。

ネガティブな情報に接したり、ネガティブなことを言う人の側にいたりすると、ネガティブなことばかり考え、ネガティブなことが起きやすくなるともいわれています。

自分を否定する気持ちをそのまま放置していると、「こんな自分が幸せになれるはずがない」という思いに支配され、知らず知らずのうちに幸せから遠ざかってしまうこともあるでしょう。


でも私は、この世に生まれたからには、人は誰もが幸せになるべき存在であり、一人残らず、この世を去る最後の瞬間を穏やかな気持ちで迎えて欲しいと思っています。

これは、私の信念であるといってもいいかもしれません。

同時に私は、自分を否定する気持ちを少しずつでも手放し、今の自分のあり方を「Ｇｏｏｄ Ｅｎｏｕｇｈ」（それで良い）と肯定することができれば、誰でも幸せに近づくことができるのではないかと考えています。

死という絶望を前にした患者さんも、自分を肯定し、幸せになることができる

もしかしたら、みなさんの中には、大きな苦しみを抱え、自分を否定する気持ちが強く、「今の自分のあり方を肯定することなど不可能だ」と思う人もいらっしゃるかもしれません。

しかし、どれほど深い苦しみの中にあり、自分を否定する気持ちが強くても、人には必ず、そこから立ち直り、前を向いて歩き出せる力があると私は信じています。

これまで私は、看取りの現場で、体の自由がきかなくなり、死を間近に控え、絶望し、「今の自分には価値がない」「自分の人生には意味がなかった」「早く死んでしまいたい」といった思いを抱えている患者さんとたくさん関わってきました。

そのような患者さんに対して、私たちにできることは、「少しでも支えになりたい」「穏やかな気持ちになってほしい」と願いながら、ただ側にいること、患者さんの苦しみを否定せず、その言葉に耳を傾けることだけです。

でも、それを繰り返すうちに、自分の存在を厭い、早く死にたいと願っていた患者さんの多くが、自分を支えてくれている本当に大切な存在に気づき、自分がかけがえのない存在であることを知り、自分自身や自分の人生を肯定し、人生が終わりを迎える瞬間まで、いのちを燃やして前向きに生きるようになります。

私はそんな、奇跡のような姿を何度も見てきました。

たとえば、膵臓《すいぞう》がんで余命わずかと宣告された、70代の男性の患者さんは、最初のうち、「周りに迷惑をかけたくない」「早く逝きたい」と口癖のように言っていました。

若いころ、登山が好きだった彼は、車椅子での生活を余儀《よぎ》なくされ、ほかの人の助けがなければトイレにも行けなくなってしまった自分自身に対し「恥ずかしい」という気持ちすら抱き、苦しんでいたのです。

ところが、在宅チームのスタッフと関わり、自分の人生を振り返るうちに、彼は、自分が多くの人に支えられて生きてきたこと、今も家族をはじめ、大切な人たちに支えられていること、彼自身がそうした人たちの支えになっていること、これまで自分が果たしてきた役割に気づきました。

そして、自尊感情（自分を大切だと思える感情）や自己肯定感を取り戻し、今の自分を受け入れ、穏やかな表情で日々を過ごすようになったのです。

自分自身を肯定するために必要な4つのこと

人生最後のときを間近に控えた患者さんと日々接していて思うのは、どれほど名誉や地位、財産があっても、それらは心からの笑顔をもたらしてはくれないということです。

自分を支えてくれている、本当に大切な存在に気づくこと。
自分自身や自分の人生、自分がやってきたことを肯定すること。
自分が人生を通して学んだことを、次の世代に伝えたいと思うこと。

そうしたことができて初めて、人は本当の意味で幸せを手に入れ、穏やかにこの世を去っていくことができるのです。

では、どうすれば、自分自身を消してしまいたいほどのつらい気持ちや苦しみの中で、自分自身を肯定し、穏やかさや、前を向いて生きる力を得られるようになるのか。

私は、そのためには、次の４つのポイントが必要だと思っています。

1. 弱い自分を認め、自分を支えてくれている存在に気づくこと
2. 自分をわかってくれる存在に気づくこと
3. 変えられるものと変えられないものを見極め、変えられないものを無理に変えようとしないこと
4. 変えられるものを変えようと、一日一日を頑張って生きること

いのちが限られた人でも、健康に生きている人でも、自分を否定する気持ちにとらわれることはあるでしょう。

しかし、もがき苦しみながらも、自分の弱さを認め、自分を支えてくれている大

事な存在に気づき、自分をわかってくれる人と支え合い、自分の力で変えられるものと変えられないものを見極め、変えられるものについては少しでも変えようと、一日一日を頑張って生きる。

その中で、自分がかけがえのない存在であることに気づき、Good Enough（それで良い）と今の自分自身を肯定することができれば、人は必ず穏やかな気持ちを手に入れ、本当の意味で幸せになることができます。

そして、おそらくタイトルに惹《ひ》かれてこの本を手に取ったみなさんの中にも、解決できない悩みや苦しみを抱え、自分を肯定できずにいる人がいらっしゃるのではないかと思います。

「他人に迷惑をかけたくない、嫌われたくない」と思っている人。

自分のせいではないこと、自分の行動とは関係のない出来事にまで責任を感じ、自分のせいにしている人。

年齢を重ねたり、何らかの病を得たりして、思うように動けなくなった自分を恥じている人。

「自分は何のために生きているのだろうか」「自分は存在していていいのだろうか」といった、漠然《ばくぜん》とした不安を抱えている人。

今回、私が筆を執ったのは、看取りの現場での経験を踏まえて、そうした方々にぜひ、今の自分自身を受け入れ、「自分は生きていていい」と思えるようになってほしい、そしてこの世を去る瞬間まで、穏やかで幸せな人生を送ってほしいと思ったからです。

自分を否定する気持ちを手放すことは、その第一歩なのです。

content 1

もう、自分を否定しなくていい

content 2

幸せとは、自分をわかってくれる誰かと生きること

content 3

迷ったら「心が穏やか」でいられるほうを選ぶ

content 4

今日を精いっぱい生きられれば、それでいい

content 1

もう、自分を
否定しなくていい

01

自分を否定しないというのは、難しいけれど

自分を否定する気持ちは、見過ごしてはいけない悲しい感情

はじめに、みなさんにお尋ねします。
あなたは、次のような思いを抱くことがありますか？

「自分は劣っている人間、つまらない人間だ」
「自分は誰の役にも立っておらず、価値がない」
「自分には生きている意味がない」
「早く自分の存在を消してしまいたい」

これらはみな、自分を否定する感情です。
そして今、世の中には、自分を否定してしまっている人がたくさんいます。

私がホスピス医になり、人生の最終段階を迎えた患者さんと関わるようになって30年近くになります。

その間、4000人以上の患者さんを看取ってきましたが、多くの方は最初のうち、「自分はもう社会の役に立たない」「生きていても何の価値もない」「つまらない人生だった」「早く死なせてほしい」といった言葉を口にされます。

体の自由がきかず、元気だったころのように働くことができないどころか、一人で用を足すことさえままならなくなったこと、残された時間が短く、未来を思い描くことができなくなったことに絶望し、自分自身や自分の人生を否定する気持ちに襲われてしまうのです。

しかし、自分を否定する気持ちを抱えているのは、いのちが限られた方だけではありません。

私は20年以上前から、各地の学校で「いのちの授業」を行い、ホスピスの現場で学んだこと、感じたことを子どもたちに伝えていますが、そこで出会った子どもたちからも、自分自身を否定する言葉や、「死んでしまいたい」といった言葉を聞くことがあります。

自分を肯定できず、生きていていいと思う気持ちを持てない。

小学生の中にも、そんな子どもがいることに、私は愕然《がくぜん》としました。

おそらく、現役世代のみなさんの中にも、今、生きづらさを感じている人や、自分に価値がないと思い、苦しんでいる人、自分の仕事や生き方に意味を見出せず悩んでいる人がいらっしゃるのではないでしょうか。

私たちの周りには、
自分を否定するきっかけがたくさんある

私が、この本を通してみなさんにお伝えしたいのは、自分を否定する気持ちを手放し、今の自分を「Ｇｏｏｄ Ｅｎｏｕｇｈ」（それで良い）と肯定し、受け入れることの大切さです。

自分を否定しないこと、今の自分を「それで良い」と肯定すること。

それは、「自分は存在していていい」「自分は生きていていい」と、心から思えるようになることであり、お金では買うことのできない心の穏やかさ、本当の意味での幸せを手に入れることでもあります。

ただ、自分のことを否定しないのは、とても難しいことです。

詳しくは次の項でお話ししますが、自分自身を否定する原因となるものが、私たちの周りにはあまりにもたくさんあるからです。

自分を否定していることに気づくのは難しい

自分のことを否定しないのが難しいのは、「自分を否定していること」に気づくのが難しいためでもあります。

実は、自分を否定していることに気づいていない人はたくさんいます。

たとえば、「自分の存在を消してしまいたい」というのは究極の自己否定です。しかし、「死んでしまいたい」という気持ちを抱いている人が「今、自分は自分を否定している」と認識できるケースは、そう多くはないでしょう。

特に、子どものころから「ダメな子」といったネガティブな評価にさらされること、周りの大人たちから叱られること、無視されることが多かった人などは、当たり前のように「自分はダメな人間だ」「自分は価値のない人間だ」と考え、さらには「自分のようなダメな人間は、いないほうが社会のためだ」「自分のように価値の人間は、いなくなっても誰も困らない」などと考えてしまいがちです。

あまりにも自然に自分を否定し、自分の尊厳を傷つけてしまっているのです。

また、すでに一生懸命頑張っているのに、「まだ努力が足りない」と自分を追い込んだり、本来、自分のせいではないことにまで「自分のせいだ」と責任を感じたり、心を痛めたりする人もいます。

こうした人は、自分からも他者からも「真面目」「責任感が強い」「優しい」と評価されますが、一方で、いたずらに自分を否定してしまっていることに、なかなか気づくことができません。

信頼できる人の言葉に耳を傾け自分を否定する気持ちに気づく

信頼できる人の言葉に、素直に耳を傾けること。
それは自分を否定する気持ちに気づく、一つの方法だといえるかもしれません。

たとえば、「親が常に不機嫌なのは、僕が悪い子だからでしょうか？」と悩んでいる子どもに対し、「そうだね、あなたのせいですね」と答える人は、ほとんどいないはずです。

あるいは、仕事でも勉強でも、限界まで頑張っている人が「自分はまだ努力が足りない」と言っているのを聞き、「たしかに、努力が足りないな」と思う人も、ほとんどいないでしょう。

多くの人は「いや、あなたはもう十分に頑張っているよ」と思うはずです。

このように、自分を否定している人は、しばしば自分だけの基準で自分自身をジャッジしており、その基準は、世間一般の基準とはかけ離れていることが少なくありません。

もし、「自分には価値がない」「まだ努力が足りない」「私のせいだ」と思っているあなたに、誰かが「あなたが存在してくれて嬉しいよ」「あなたはもう十分頑張っているよ」「あなたのせいではないよ」という言葉をかけてきたら、その言葉にぜひ耳を傾けてみてください。

それが、自分を否定する気持ちに気づくきっかけになるかもしれません。

自分が感じたことを否定しない

また、自分の気持ちを否定しないことも大事です。

たとえばあなたは、「つらい」「しんどい」という気持ちや、他者に対する嫌悪感、憎しみなどの気持ちがわきあがってきたとき、「そんなことを考える自分はダメだ」と考え、気持ちを押し殺したりしていませんか？

私たちは患者さんの話を聴くとき、**「反復」と「沈黙」**を大事にし、ゆっくりと時間をかけるようにしています。

たとえば、患者さんがスタッフに「昨日、トイレに間に合わず、恥ずかしい思いをしました」と言ったとします。

そのとき、「歳をとれば、みんなそうなりますよ」などと答えるのはもちろん問題ですが、「少しくらい漏《も》れたとしても、尿漏れパットがあるので、気にしなくて大丈夫ですよ」などと答えるのも、実は好ましくありません。良かれと思って発した言葉でも、患者さんは「自分の気持ちが否定された」と感じるからです。

ここで大事なのは、あくまでも「昨日、トイレに間に合わず、恥ずかしい思いをしました」という患者さんの言葉をそのまま受け止めることです。

ですから、私たちは、「昨日、トイレに間に合わず、恥ずかしい思いをしました」と言われたら、「昨日、恥ずかしい思いをされたのですね」と患者さんの言葉のうち、重要なキーワードを反復します。

その後、患者さんが口を開くまで、こちらからは話しかけずに沈黙し、「今までは、トイレに間に合わないことなんてなかったのです」と言われたら、「今までは、間に合わないことはなかったのですね」と反復します。

相手の言葉をそのまま受け止め、反復と沈黙を繰り返す。

非常に難しいことではありますが、そうすることで患者さんは、私たちのことを「自分の気持ちをわかってくれている」と感じ、少しずつ気持ちを話してくださるようになります。


そしてこれは、**自分自身の気持ちに対しても同じ**だと言えるでしょう。

今後は、自分が感じたこと、思ったこと、言いたいことを、できるだけ否定しないであげてください。

「そうか、私はこう感じたんだね」「私はこう思ったんだね」「私はこれが言いたいんだね」と、そのまま受け止めてあげてください。

自分自身が感じたことを尊重していく。

それも自分自身を肯定することにつながっていくのではないかと、私は思います。

1
2
3
4

02

自分を否定する気持ちは
どこからやってくるのか

他者との比較やネガティブな評価が、自分を否定する気持ちを生む

私は、この世に生まれたからには、すべての人に「幸せになる権利」があると考えています。

そして、一人でも多くの人が幸せに生き、人生最後のときを迎えられるように、できる限りの力を尽くしたいと思っています。

しかし、世の中には、自分自身を否定し、自ら幸せを遠ざけてしまっている人が少なくありません。

では、自分を否定する気持ちは、いったいなぜ、どうやって生まれてしまうのでしょうか。

1
2
3
4

いろいろなケースがあると思いますが、まず、「他者（もしくは過去の自分）との比較」が大きいのではないかと思います。

私たちは幼いころから、家では兄弟と、学校では同級生と、社会に出れば同僚やライバルと、常に能力や人格、地位、財産などを比較され続けています。

何らかの能力に秀で、試験や仕事に成功したり、欲しいものを手に入れたりすれば、一時的に満足感や優越感、自己肯定感が得られるかもしれません。

しかし、自分より能力の高い人との勝負に負けたり、試験や仕事で失敗したり、何らかの理由で能力を発揮できない状況に陥ったり、地位や財産などを失ったりすれば、自己肯定感が損なわれ、「自分はダメな人間だ」「自分は価値のない人間だ」と、自分自身を否定することになります。

現役時代、健康でバリバリ働いていた人などは、年齢を重ね、体力が衰えたり、心身の病気で思うように働けなくなったりしたとき、過去の自分と比べ、今の自分を否定することもあるかもしれません。

また、他者から受けるネガティブな評価も、自分を否定する原因となります。最近では、ネットやＳＮＳなどの発達により、私たちは家族や友人、上司や同僚といった身近な他者だけでなく、見知らぬ他者からも、容赦なく評価されるようになりました。

中でも非常につらいのは、「消えてほしい」「あなたには価値がない」といった、存在そのものを否定されるような他者からの言葉です。

こうした言葉をそのまま受け取ってしまうと、自分に自信が持てなくなり、何事にも真剣に取り組むことができなくなり、「自分なんて幸せになれるはずがない」と、自ら幸せを遠ざけるような行動をとったり、場合によっては自らいのちをたってしまったりすることもあります。

人は、他者に迷惑をかけずに生きられない

「他人に迷惑をかけてはいけない」「社会や他人の役に立たなければならない」という考え方に縛られることも、自分自身を否定する原因となります。


他人に迷惑をかけないこと。

社会や他人の役に立つこと。

日本社会では、それは美徳とされていますし、わざと他者に迷惑をかけるようなことをしないというのは、もちろん大事なことです。


しかし、そもそも人間が、他者にまったく迷惑をかけずに生きていくことはできませんし、誰もが、常に社会や他者の役に立てるわけでもありません。

一人でできることには限界がありますし、心身の調子を崩したり、年齢を重ねた

りすれば、できることはさらに限られていきます。

だからこそ人間は、太古の昔から、家族や共同体をつくり、支え合い、助け合い、迷惑をかけ合って生きてきたのです。

ところが、「他人に迷惑をかけてはいけない」「社会や他人の役に立たなければならない」と思い込んでいると、何らかの理由で他者に迷惑をかけざるをえなくなったとき、社会や他者の役に立つようなことが思い通りにできなくなったとき、そんな自分を許せなくなります。

そして「自分は役に立たない人間だ」「自分は価値のない人間だ」と、自分を否定する気持ちが生まれてしまうのです。

自分のせいだと思い込むのは、自分を納得させるため

ほかに、家族の問題や友人の問題、会社の問題、社会の問題など、実際には自分と直接関係のないことまで「自分の至らなさに原因があるのではないか」と考える人、それらを解決できさない自分にふがいなさを感じる人もいます。

なぜそうしたことが起こるのでしょうか。

もちろん、真面目で責任感が強すぎるために、必要以上に責任を感じてしまうということもあるかもしれませんが、ほかに、「理不尽な目に遭ったとき、自分のせいだと思い込むことで感情を安定させようとする」人間の心理も、大きく関わっています。

「良い行いには良いことが、悪い行いには悪いことが返ってくる」という思い込みを抱えている人は少なくありませんが、現実は決してそうではありません。

特別に「悪い行い」をしていない人でも、生きていればどうしても、自分の力ではどうにもならず、誰に怒りをぶつけることもできない苦しみに見舞われることがあります。

ところが、人は、そうした世界の理不尽さを容易に受け入れることができません。「自分の力ではどうにもならないことがある」「自分の力で変えられないこともある」という現実を受け入れることは、ときに絶望につながるからです。

そこで、「あのとき、自分があんな行いをしたから、こんなことが起こっているのだ」（あんな行いをしなければ、こんなことは起こらなかったはずだ）と、自分に関連した物語に落とし込むことで、自分を納得させようとします。

自分のせいではないことまで自分のせいだと思い込むこと。

1
2
3
4

それは、苦しみや絶望の中に、何とか希望を持とうとする、人間の心の働きです。しかし悲しいことに、まるで自己免疫疾患のように、自分を守るためのそうした心の働きが、自分自身や自分の人生を否定することにつながってしまいます。

自分を否定する気持ちは、希望と現実の開きから生まれる

自分を否定する気持ちが生まれる理由について、いくつかの例を挙げてきましたが、これらには共通点があります。

他者との比較によって自分を否定するのは、「恵まれている他者（もしくは過去の自分）」という「希望」と、「今の自分」という「現実」に開きがあり、苦しみを抱えているからです。

他人に迷惑をかけてしまう自分、社会や他人の役に立たない自分を否定するのは、

「他人に迷惑をかけない自分」「社会や他人の役に立つ自分」という「希望」と、「今の自分」という「現実」に開きがあり、苦しみを抱えているからです。

自分を納得させるために、自分のせいではないことまで自分のせいだと思い込み、自分を否定するのは、「理不尽なことが起こらない社会」という「希望」と、「理不尽なことが起こる社会」という「現実」に開きがあり、苦しみを抱えているからです。

つまり、自分を否定する気持ちは、希望と現実の開きによる苦しみがあるから、生まれているのです。

ですから、開きを埋め、苦しみを解決することができれば、自分を否定する気持ちを手放せるはずなのですが、苦しみには自分で解決できるものと、解決できないものがあります。

たとえば、「今は成績が悪いけれど、優秀な自分でありたい」という希望があっ

1
2
3
4

た場合、一生懸命勉強をすることで、ある程度希望と現実との開きを埋め、苦しみを解決し、自分を否定する気持ちを和らげることができるかもしれません。

しかし、「社会や他人の役に立てる人間でありたい」という希望を抱えながら、病気などで体の自由がきかなくなっているという場合、開きを埋めるのは簡単なことではありません。

では、埋められない開き、解決できない苦しみを抱え、自分を否定してしまっている場合はどうすればいいのか。

そこで大事なのが、自分を支えてくれている存在に気づき、解決できない苦しみを抱えている自分を認め、受け入れていくことです。

私は、自分を否定する気持ちを手放すためには、次の4つが必要だと思っています。

1．弱い自分を認め、自分を支えてくれている存在に気づくこと

2. 自分をわかってくれる存在に気づくこと

3. 変えられるものと変えられないものを見極め、変えられないものを無理に変えようとしないこと

4. 変えられるものを変えようと、一日一日を頑張って生きること

これから、この4つについて、詳しくお話ししていきましょう。

03

自分を支えてくれている存在に気づいたとき、自分を肯定できるようになる

弱い自分を認めて初めて、人は支えてくれている存在に気づくことができる

解決できない苦しみを抱え、自分を否定する気持ちにとらわれているとき、その気持ちを手放すためにまず必要なのは、弱い自分、何もできない自分を認め、そんな自分を支えてくれている存在に気づくことです。

自分を支えてくれている存在とは、自分のことを「Good Enough」（それで良い）と言ってくれる存在のことである、といってもいいかもしれません。

支えてくれている存在に気づくことができて初めて、人は自分がかけがえのない存在であることを知り、自分を肯定し、心の穏やかさを得られるようになります。

そして人は、自分が解決できない苦しみを抱えていること、何もできない弱い人間であることを認めることができて初めて、支えてくれている存在に気づくことが

できるのです。

支えてくれている存在に気づいたとき、人は変わり始める

以前、40代の女性の患者さんに関わらせていただいたことがあります。

末期のがんであったその女性は、最初のうち、常に「結婚し、子どもが生まれ、これからどんどん幸せになろうと思っていたのに、なぜ私だけが病気にならなければいけないのか」「私が、どんな悪いことをしたのか」という思いに、非常に苦しんでいました。

私たちは、反復と沈黙を繰り返し、そうした彼女の言葉を否定せず、徹底的に聴きました。

そして、あるタイミングで、「初めて病気をしたときに、どんなことを感じまし

たか」「どんなつらいこと、苦しいことがありましたか」と尋ねたのです。

彼女からは「抗がん剤で副作用がひどく、口内炎で食事がとれなかったり、体がだるく、手足がしびれて家事ができなかったことがつらかったです」という答えが返ってきました。

そこで私が、「苦しかったときに、あなたが頑張れたのはなぜですか」と尋ねると、彼女は「家族がいたからです」と答えました。

彼女が変わり始めたのは、その瞬間からでした。

抗がん剤の副作用の苦しみを乗り越えることができたのは、夫や子どもがいてくれたからであり、今までの人生も、家族や周りの人たちに支えられていたからこそ、自分は生きてこられたのだということに気づいたのです。

「どんなお子さんですか？」という私の問いに「どんなに私がつらくても応援してくれる、とてもかわいくて優しい子どもたちなんです」と答える彼女の顔は、それまで見たことがないくらい、明るく輝いていました。

過去の苦しかった経験を思い出してみよう

この患者さんは、私たちに苦しみを伝え続ける中で、「もうすぐ、家族を残してこの世を去らなければいけない」という、自分ではどうにもならない苦しみを抱えていることを、少しずつ受け入れていきました。

そのうえで、家族や周りの人が自分を支えてくれているということに気づき、そんな自分自身を肯定し、心の穏やかさを取り戻していったのです。

同じように、私は、多くの患者さんが自分の支えに気づき、自分を否定する気持ちを手放していくのを目の当たりにしてきました。

今、健康や仕事、お金、人間関係などで何らかの苦しみを抱え、自分を否定してしまっている人は、つらいかもしれませんが、過去の苦しかった経験を思い出してみてください。

そして、なぜあなたがその苦しみを乗り越えることができたのか、なぜ今まで生きてこられたのかを考えてみてください。

身のまわりの人、すでに亡くなった人、ペット、映画や音楽などの創作物など、何かしらあなたの支えになってくれた存在があったのではないでしょうか？

そうした存在に気がついたとき、あなたも解決できない苦しみから生まれる、自分を否定する気持ちを乗り越えるきっかけがつかめるかもしれません。

04

自分の嫌いなところも
弱いところも、
愛すべき自分自身

不完全なありのままの自分を受け入れる勇気

前項で、解決できない苦しみを抱え、自分を否定する気持ちを手放すためには、自分を支えてくれる存在に気づくことが大事であり、そのためには、弱い自分を認めることが大事であるとお話ししました。

苦しみを抱えたとき、自分や他者をいたずらに責めるのではなく、頑張ったけれど失敗してしまった自分、本当は完全ではない自分、弱さを抱えている自分を、まずは認めてあげる。

それは、自分を支えてくれる存在に気づく第一歩であり、ありのままの自分の姿で生きられるようになるための第一歩であり、どんなときでも穏やかにしなやかに、前を向いて生きられるようになるための第一歩であると、私は思います。

1
2
3
4

ただ、多くの人にとって、弱く不完全な自分を認め、受け入れるのは、勇気がいることです。

特に弱いとき、苦しみを抱えているときほど、人はなかなか自分の弱さを受け入れることができません。

それによって自分の価値を自分で信じられなくなり、「自分は社会の役に立たない人間だ」という思いに苛《さいな》まれることを、心のどこかで恐れているからです。

今の社会では、至るところで競争が行われ、「競争に勝つこと」「強いこと」「富や名誉、お金など、たくさんのものを所有すること」を幸せだと思っている人は少なくありません。

あるいは、「社会のために働き、社会の役に立ってこそ、生きる意味、存在する意味がある」と思っている人もたくさんいるでしょう。

そんな社会の中で、人が自分の弱さを認めること、弱さを得た人が自己肯定感を保つことは、非常に困難です。

でも、先ほど述べたような恐れは、本当は必要ありません。

不完全でも、たとえ何もできなくても、人は存在しているだけで十分に価値があり、生きている意味があるのです。

勇気を出して自分の弱さを認め、受け入れ、そんな自分を支えてくれている存在に気づくことができれば、あるがままの自分に価値があり、生きている意味があることを実感できるはずです。

強いところも弱いところもみんなひっくるめて、あなた自身であり、それらすべてがあなたらしさを形づくっています。

弱いところもきちんと認め、受け入れて初めて、あなたは誰かの真似ではない、社会の価値観をただなぞっただけではない、真にあなたらしい人生、本来の自分の人生を生きられるようになるのです。

ありのままの自分で生きることは、欠点を放置することではない

もっとも、一口に「弱さ」といっても、さまざまな種類があります。

お金や地位、名誉、才能などの、目に見えるわかりやすい強さや力を持ち合わせていないこと、老いや病気などによって、それまで持っていた強さを失い、自分一人でできることが少なくなっていくことも弱さですが、たとえば「すぐ人のせいにしてしまう」「嫌なことから逃げてしまう」「ミスを指摘されると怒ってしまう」「自分より立場の弱い相手にきつくあたってしまう」「人の話を聞かない」「自分のわがままを優先してしまう」など、私たち一人ひとりが持つ狡《ずる》さ、自分勝手さなどの欠点も、弱さだといえます。

近年、「あなたはあなたのままでいい」という言葉を、よく耳にします。

この言葉は間違いではないのですが、「欠点という弱さを、ただ放置してもいい」ということではないと、私は思っています。

欠点という弱さについて、まずは勇気を出してしっかりと見つめ、「自分には、こうした狡さや自分勝手さがある」と認めることは必要です。

決して自分を責めるのではなく、ただ自分が完全な人間ではないこと、あるいは苦しみの原因が他者ではなく、自分の弱さにあることを静かに受け入れる。

それができれば、きっと心が穏やかになり、苦しみも和らぐでしょう。

しかし、そのうえで、変えられるものは変えていく向上心を持つことが大事だと、私は思います。

克服した弱さは、
いつか自分らしさと自信に変わる

先ほど、「強いところも弱いところもみんなひっくるめて、あなた自身であり、それらすべてがあなたらしさを形づくっています」と書きましたが、もし弱さのうち、変えられるものを変えていったらどうなるのか。

それもまた、「あなたらしさ」の非常に重要なパーツになりますし、あなたに自信と自己肯定感を与えてくれるのではないかと思います。

みなさん、ぜひ一度、過去を振り返って考えてみてください。

今までに、努力して克服してきた弱さはありませんか？

どんなささいなことでもかまいません。

たとえば、朝起きるのが苦手だったけれど、「このままじゃいけない」と一念発起して自分なりに努力し、今では早起きが気持ちいいと感じられるようになった。

人見知りで、人とのコミュニケーションが苦手だったけれど、今では初対面の人とも以前より気軽に話せるようになった。

怒りっぽい性格だったけれど、信頼できる相手からのアドバイスなどを参考に、今では以前より感情をコントロールできるようになった。

こんな具合に、自分の弱さに向き合い、克服してきた経験が、多かれ少なかれ誰にでもあるのではないかと思います。


過去に克服してきた弱さは、今、あなたの中でどうなっていますか？

それは、自信をもって「私です」と言えるような、あなたという人間の大事な一部分になっていませんか？

ですから、まずはきちんと自分の弱さを認め、受け入れること。

人の手なども借りながら、変えられる部分は変えていくこと。

それが、あなたらしさと自信を、あなたに与えてくれるはずです。

1
2
3
4

あなたに他人を変えられないように、他人もあなたを変えられない

ここでもう一つお伝えしておきたいのが、「他人にはあなたを変えられない」ということです。

人が、他人を変えるのは大変難しいことです。

人はそれぞれ、異なる性格や価値観、独立した意思を持っているからです。

あなたを変えることができるのは、あなただけなのです。

いくら人から欠点を指摘されても、注意されても、あなた自身が自分の弱さに気づき、きちんと認めていなければ、とても変えようとは思わないでしょう。

一方で、人には生まれながらにして、「昨日よりも今日、今日よりも明日はより良い自分になりたい」という希望があると、私は思っています。

もちろん、ときにはその希望が現実との開きを生み、苦しみを生むことにもなります。

「すべての弱さを克服しなければ」「絶対により良い自分にならなければ」と考えると、それはそれで、自分自身を必要以上に責めたり、追い詰めたりすることになってしまいますから、どうしても変えられない何かがあるときは、そんな自分を認め、静かに受け入れる必要があります。

しかし、変えることができる弱さがあれば、変えていく。

それが、より誠実に、より幸せに、あなたらしい人生を生きていくことにつながると、私は思います。

そして、自分の弱さを認めることこそが、そのスタート地点となるのです。

05

自分も人も
否定せずにいられる
穏やかな生き方を

いじめの記憶に苦しむ中学生の女の子の気持ちを救った、友だちの存在

以前、ある中学生の女の子から、次のような話を聴いたことがあります。

彼女はかつて、いじめに遭ったことがありました。

クラスメートも教師も助けてくれず、「なぜ自分がこんな目に遭わなければならないのか」「もう生きていたくない」と、自傷行為を何度も繰り返したそうです。

学年が変わり、いじめていた相手と別のクラスになると、いじめはなくなりましたが、彼女の心には深い傷が残りました。

とにかく他人が怖く、世の中にも自分の人生にも希望が持てず、毎日「消えてしまいたい」とばかり思っていたのです。

「誰かに話を聴いてもらいたい」という気持ちもありましたが、親も教師もクラスメートも誰も信じられず、自分が負った心の傷や弱い部分を人に見せる勇気がなく、モヤモヤした思いをずっと抱えていました。

ところがある日、たまたま、それまであまり話したことのない友だちと二人きりで会話をする機会がありました。

その友だちの穏やかな雰囲気に安心感を覚えた彼女は、思わず、過去にいじめられていたことや、今の自分の気持ちをすべて話しました。

すると相手は、彼女が話し終えるまで、何も言わずに静かに話を聴き、最後に「今までいじめに遭って苦しかったんだね」とだけ言ってくれました。

その言葉に「弱いところを見せてもいいんだ」と思うことができた彼女は、ようやく前を向いて生きられるようになったそうです。

友だちが「わかるよ」と言っていたら、もしかしたらこの女の子は「あなたに私の苦しみがわかるわけがない」という気持ちになったかもしれません。

でも、友だちは、話を丁寧に聴き、すべてをそのまま受け止め、「今までいじめに遭って苦しかったんだね」とだけ言ってくれた。

だからこそ、彼女は「友だちが私の気持ちをわかってくれた」と思うことができたのでしょう。

また、友だちが、弱い自分をそのまま認めてくれたことで、何度も死を考えていた彼女は、前を向いて生きられるようになりました。

人は、弱い自分を受け入れたときに、
初めて他者の弱さを受け入れられる

彼女の話から、私は二つのことを感じました。

一つは、「弱い自分でも、そのまま受け入れてもらえる」「弱いところを見せてもいい」と思える存在に出会えたとき、人は「この人は、自分の気持ちをわかってくれている」と感じ、大きな安心を覚えるということです。
それは、特に苦しみを抱えている人にとって、希望となり、生きていくうえでの支えとなります。

そしてもう一つは、弱いところも含めて、彼女をそのまま受け入れた、友だちの強さです。
私は、この友だちは、自分自身の弱いところも認め、受け入れられる強さを持っているのではないかと思います。

人は、弱い自分を認め、受け入れたときに、初めて他者の弱さを認め、受け入れることができる。
これは私の持論です。

今の社会では、「競争に勝つこと」「強いこと」「富や名誉、お金など、たくさんのものを所有すること」が幸せであり、社会のために働き、社会の役に立ってこそ、生きる意味、存在する意味があると思われがちです。

そうした、社会によって作られ、刷り込まれた価値観に惑わされず、弱い人、他者の弱い部分をそのまま受け入れることができる人は、残念ながら、あまり多くはありません。

特に、「自分は強い」と思いたい人、自分の弱さが認められない人は、他者にも強さを求めたり、他者の弱さを責めたりしがちです。

自分の弱さが原因で起きたことの責任を、他者の弱さに転嫁《てんか》することもあるかもしれません。

不完全なありのままの他者を認め、受け入れ合える社会を

しかし、自分の弱さを認め、受け入れている人は、「自分が完全ではないように、他者も完全ではない」ということを、心から理解できます。

社会の価値観に惑わされず、自分の価値観で自分や他者を見つめることができます。

また、自分や他者に対して「自分は強い」「自分は間違っていない」と言い聞かせる必要がなく、自分や他者を責める必要もありません。

そのため、他者の弱さを認め、受け入れることができるのです。

そして、先ほどご紹介した生徒のように、自分の弱さを認め、受け入れてくれる

人が一人いるだけで、人は深い絶望の中でも生きる勇気を得ることができます。

ですから、みなさんも、ご自身の弱さを認め、受け入れることができたら、どうか苦しんでいるほかの誰かの弱さを認め、受け入れられる人になってください。

互いに、不完全なありのままの他者を認め、受け入れ合っていくこと。

それが、今後の大変な社会の中で、人が穏やかに、幸せに生きていくためにとても大事で必要なことだと、私は思っています。

1
2
3
4

06

安心して生きられる社会に近づくために必要なこと

苦しんでいる人を支えている人にも、やはり支えが必要

他者との比較や、「他人に迷惑をかけたくない」という思い込みなどによって生じる苦しみは、「私」という一人称の苦しみだといえるかもしれません。

その苦しみや、そこから生まれる自分を否定する気持ちは、弱い自分を認め、自分を支えてくれている存在に気づくことで乗り越えることができます。

しかしここで、もう一つ、みなさんにお伝えしておきたいことがあります。

それは、今、苦しんでいる人を支えている人にも、やはり支えが必要だということです。

私たちがホスピスの現場でしばしば耳にするのが、患者さんの支えとなっている

1
2
3
4

ご家族の、「もっと思いを叶えてあげたかったのに、それができない自分に腹が立つ（それができなくて後悔している）」といった声です。
援助する人にも支えがなければ、そこに自己否定が発生してしまうのです。

私自身、かつて、自分の無力さにうちひしがれたことがあります。
「人に喜んでもらえる仕事がしたい」「苦しんでいる人の役に立ちたい」と思って医者になったのに、特にホスピスでの医療に携わるようになってからは、あまりにも患者さんの力になれないと感じることが多かったからです。

長く苦しんだ末に、ようやく私がたどり着いたのは、「無力な自分を受け入れ、医者ではなく一人の人間として、たとえ役に立つことができなくても、患者さんに関わり続けよう」という思いでした。

それと同時に気づいたのが、私を支えてくれている人たちの存在です。

病院やクリニックのスタッフ、私の家族、患者さんやそのご家族。周りの人たちが、弱く無力な私を受け入れ、「Ｇｏｏｄ Ｅｎｏｕｇｈ」（それで良い）、「そこにいていい」と許してくれている。

そう思えたからこそ、私はこの仕事を続けることができたのです。

支えの循環を生む、ユニバーサル・ホスピスマインド

私は、ホスピスの現場で学んできた、「解決の難しい苦しみを抱えていても、穏やかでいられる考え方」「自分の弱さを認め、人に優しくなれる関わり方」を「ユニバーサル・ホスピスマインド」と称し、さまざまな場所でお伝えしています。

それは、誰にとっても、大切な人や自分の、答えのない心の問題に向き合う際のヒントになると考えているからです。

ユニバーサル・ホスピスマインドに基づき、苦しみを抱えている人を援助する際は、81ページの図のようなプロセスで行います。

苦しみを抱えている人は、自分の苦しみをわかってくれる人がいると嬉しい（①）。

これが、苦しみを抱えている人の支えになろうとする際の基本となります。

そのうえで、相手の苦しみを否定せずに聴き（②）、相手がどのような存在によって支えられているかに気づき（③）、どのような自分であれば、相手の支えを強められるかを知り、実践し（④）、そんな自分自身の支えが何であるかを知るのです（⑤）。

今、苦しんでいる人の支えを強めながら、支えようとする私たちも、自分を支えてくれている存在に気づき、自分自身を否定する気持ちを手放していく。

そんな支えの循環を、ユニバーサル・ホスピスマインドでは大事にしています。

苦しみを抱えている人や、その人を支えている人が、それぞれに自分を支えてくれる存在の大切さに気づくことができれば、お互いが誰かの支えになろうとしたり、誰かの支えになっている存在を尊重したりするようになります。

その結果、自分や他者を否定せず、それぞれが「私はこれで良い」「あなたもそれで良い」といった思いを持ち合える関係が生まれ、増えていくでしょう。

一人ひとりが、否定する気持ちを手放すことで、心理的安全性の高い社会に近づいていく

近年、ビジネスの世界では、職場の心理的安全性を高めること、すなわち、上司や同僚に自分の意見や気持ちを安心して表現できる環境が整えられることが重視されているそうです。

そして、心理的安全性が高まれば、情報交換がスムーズになり、多様な能力を持った人が集まりやすくなって、生産性が上がるといわれています。

1
2
3
4

職場に限らず、家庭でも学校でも、社会全体でも同様ですが、心理的安全性が確保されていない環境、「自分がここにいていい」と心から思うことのできない環境では、人は自分を肯定することができず、のびのびと自分らしくふるまうことも、自分の中にあるさまざまな力を発揮することもできず、何より心の穏やかさや本当の意味での幸せを得ることができません。

では、心理的安全性の高い社会を実現するには、どうすればよいのか。

鶏が先か卵が先かといった話になりますが、まず私が、あなたが、48ページでお話しした4つのポイントやユニバーサル・ホスピスマインドに基づいて自分自身を否定する気持ちを手放し、他者を否定することをやめることが大事だと、私は考えています。

そうすれば、少しずつ支えの循環、優しさの循環が広がっていき、一人ひとりが自分も他者も否定しない社会、人生最後の瞬間まで、「私」にとっての豊かさ（Ｗｅｌｌ－ｂｅｉｎｇ）を実感できる社会に近づいていくのではないでしょうか。

ユニバーサル・ホスピスマインドの考え方

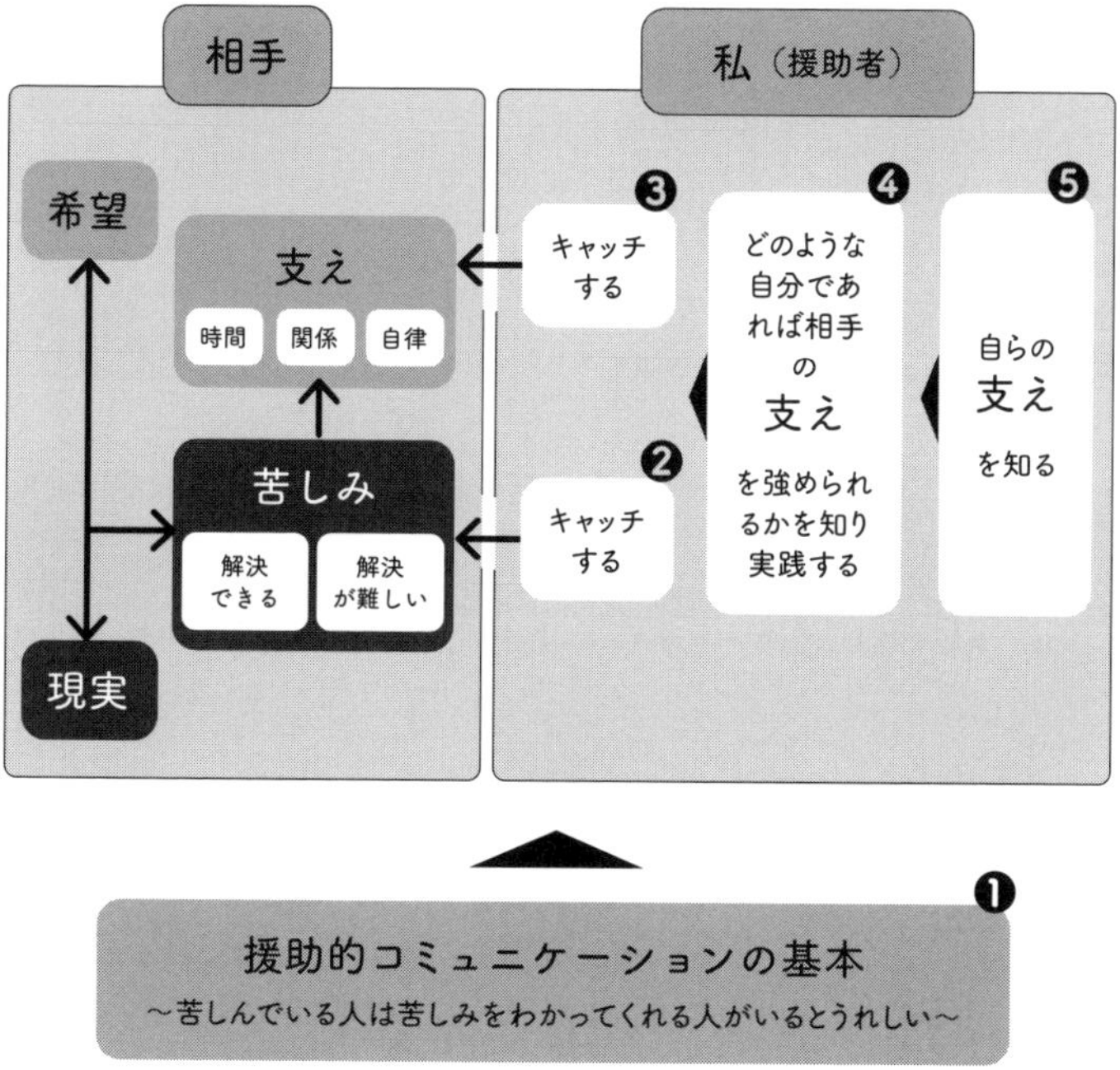

作成：一般社団法人　エンドオブライフ・ケア協会

content 2

幸せとは、自分を
わかってくれる
誰かと生きること

07

人生とは、自分をわかってくれる人を探す旅である

自分を否定している人は、「自分をわかってくれている」と思える誰かを必要としている

　ここからは、48ページでご紹介した、自分を否定する気持ちを手放すための4つのポイントのうちの二つ目、「自分をわかってくれる存在に気づくこと」について、お話ししたいと思います。

　苦しみを抱え、自分を否定する気持ちにとらわれている人にとって、もっとも支えとなりうる存在。

　それは、「自分の気持ちをわかってくれている」と思える誰かです。

　もちろん、相手が100％、気持ちをわかってくれているかどうかはわかりません。

1
2
3
4

ただ、「誰かにわかってもらえた」と感じることで、人は自分を肯定し、受け入れるきっかけをつかみ、苦しみの中でも穏やかさを取り戻し、前向きに生きられるようになります。

「自分の気持ちをわかってくれている」と感じると、表情が変わる

私は以前、70歳をすぎてから末期がんと診断された、ある患者さんと関わったことがあります。

その患者さんは、実家の家族とも、妻や子どもともうまくいかず、仕事もなかなか長続きせず、古いアパートで一人で年金を頼りに暮らしていました。

最初に訪問に伺ったとき、その患者さんは「自分の人生を早く終わらせたい」「早く楽になれる薬はないのか」など、一方的にご自分の苦しみを訴え、自分自身

や自分の人生を否定するばかりでした。

そのような人に、「そんなことを言わないでください」「あなたの気持ちはとてもよくわかります」「生きていればいいことがあります」といった言葉はまったく響きません。

それどころか「健康なお前に、俺の気持ちがわかるか」「他人事だと思って、適当なことを言うな」と、心を閉ざされてしまうでしょう。

その患者さんに対して私たちがしたことは、やはり丁寧に話を聴くことでした。故郷のこと、曲がったことや人から指図されることが嫌いなご自身の性格のこと、病気の苦しみ……。

話をしているうちに、おそらく患者さんは、私たちのことを「自分の気持ちをわかってくれている」と感じてくださったのでしょう。

表情が徐々に穏やかになり、「苦労の多い人生ではあったけれど、自分を曲げてまで生きるよりは良かった」と、自分の人生を肯定する言葉を口にされるようになりました。

誰か一人でも、自分の苦しみを聴き、わかってくれる存在がいる。

自分では「何も成し遂げられなかった」と思っていても、どんな自分、どんな人生であっても、これまで生きてきたこと、頑張ってきたことに対し、「Ｇｏｏｄ Ｅｎｏｕｇｈ」（それで良い）と言ってくれる存在がいる。

そう思えたとき、世の中がそれまでとは違って見え、人の心の中に、言葉では言い表せない前向きな感情が生まれるのだと、私は感じています。

わかってくれていると思える誰かの存在は、苦しみの中の一筋の光

みなさんもおそらく、今までの人生で苦しい思いをするたびに、何度となく「誰

かに自分の気持ちをわかってほしい」と望んできたのではないでしょうか。
たとえば、病気やけがで痛みを抱えたり、思うように体を動かすことができず、つらく情けない思いをしたりしたとき。
痛みや不自由さは変わらなくても、家族でも友だちでも医師でも看護師でも、その気持ちをわかってくれていると思える誰かがいるだけで、つらさが和らぐのを感じませんでしたか？

あるいは、失恋したとき、痛手はすぐにおさまらなくても、その悲しみをわかってくれていると思える誰かがいるだけで、気持ちが楽になりませんでしたか？

本当は子どもに優しくしたいのに、いつもイライラしていて、あるいは子どもが言うことを聞かなくて、つい怒鳴りつけてしまう。
そんなとき、わかってくれていると思える誰かがいるだけで、イライラがおさまり、笑顔を取り戻すことができませんでしたか？

1
2
3
4

社会人になってからも、なかなか成果があがらないときやトラブルに見舞われたとき、上司が「自分の気持ちや努力をわかってくれている」と感じると、気持ちが落ち着き、仕事へのモチベーションが上がったことはないでしょうか？

このように、「自分の気持ちをわかってくれている」と思える誰かの存在は、特に苦しみの中にいる人、自分を肯定できない人にとって大きな支えやエネルギーとなり、ときにはその人の人生を導いていきます。

苦しみという暗闇の中で、わかってくれていると思える誰かの存在が、前を向いて生きていくための、一筋の光となるのです。

わかってくれていると思える誰かがいると、ありのままの自分でいられる

また、自分の気持ちをわかってくれていると思える誰かの存在は、ありのままの自分でいられる強さを与えてくれます。

たとえば、これまでに私たちが関わった患者さんの中には、体にたくさんの管をつけながら、本当に動けなくなるギリギリの瞬間まで仕事をしていた方もいらっしゃいました。

末期のがんになり、ご自身も大変な中で老々介護をし、夫を見送った後で亡くなられた方もいらっしゃいました。

「そんな体で仕事をするのはやめなさい」「夫の介護は施設に任せなさい」という

人もいるかもしれませんが、私たちには、その患者さんたちにとって、仕事をすること、夫の介護をすることこそが、ありのままの自分でいられることであり、病気の苦しみの中で生きる支えになっていると感じられました。

私たちは、仕事や介護にいのちを燃やすお二人を静かに見守り、ときには丁寧に話を聴きました。

やがて、その患者さんたちは、満足しきった穏やかな表情でこの世を旅立たれました。

人それぞれ、大事にしたいことも、望む「ありのまま」の形も異なります。

世間でいいとされていること、大事にするべきだとされていることが、必ずしもその人にとっていいわけではなく、大事なものであるともかぎりません。

そして、親でもパートナーでも友人でも、あるいはペットや先に亡くなった誰かでも、自分の気持ちをわかってくれていると思える存在がいるとき、私たちは安心して、ありのままの自分でいることができます。
私たちが自分らしくいられるのは、誰かがわかってくれるからなのです。
ですから、多くの人は、大変な時間と労力、エネルギーを割いて、自分の気持ちをわかってくれる人を探そうとします。

人生は、自分を理解してくれる人を探す旅であるといえるかもしれません。

1
2
3
4

08

「あなたの大事なもの」を尊重してくれる人を大事にしよう

人は誰でも、必ず物事に優先順位をつけている

人が、誰かに対して「この人は、自分の気持ちをわかってくれている」と感じるのは、一体どのようなときなのでしょうか。

ホスピス医として多くの患者さんと関わる中で強く思うのが、特に、苦しみを抱えている人は、誰かが自分の話を丁寧に聴いてくれたとき、そして自分が大事にしていることを相手が尊重してくれたときに「自分の気持ちをわかってくれている」と感じる、ということです。

人は誰でも、心の中で、必ず「何を、より大事に思うか」「何を、より優先させるか」といった順位づけをしています。

たとえば、仕事とプライベート、どちらを大事にするか。

お金とやりがい、どちらを大事にするか。

Aさんと Bさん、どちらとの約束を優先させるか。

ふだんは複数のことを同じように大事にしていても、人生において必ず、いずれかを選択しなければならない局面がやってきます。

そのとき、人は誰でも、迷った末に優先順位を決めるはずです。

優先順位を尊重することは、その人を肯定すること

老いや病気により体が弱くなったり、この世を去るときが近づいてきたりすると、一人でできることも残された人生の時間も限られてくるため、優先順位をつけることを、ますますシビアに求められるようになります。

たとえば、体を動かすのがしんどくなったとき、それでもトイレに行って自力で用を足すことを優先するか、部屋にポータブルトイレを置く、おしめをつけるなど、人に頼ることを選ぶか。

人生最後のときを、病院や施設で迎えたいか、自分の家で迎えたいか。

私はホスピス医として、患者さんの優先順位を尊重することを、非常に大事に思っています。

なぜなら、心身が弱っている人、苦しみを抱えている人の優先順位を尊重することは、その人の尊厳を守ること、その人を肯定することでもあるからです。

誰かの尊厳を守る、誰かを肯定するというのは、ただ権利や気持ちを尊重し、認めることではありません。

その人の、どうしても譲れない優先順位を守ること、どうすればその人が穏やかになれるかを考えることだと、私は思います。

そして人は、自分が苦しいとき、自分を否定する気持ちが強いときに、自分の優先順位を尊重してくれる相手を「誠実な人」「信頼できる人」「自分の気持ちをわかってくれている人」と感じるのです。

苦しいとき、自分の優先順位を尊重してくれる人がいれば幸せ

苦しいとき、切羽詰まっているとき、自分を肯定できずにいるとき、自分の優先順位を尊重してくれる人、自分の生き方を応援してくれる人がいるなら、その人は幸せです。

みなさんも、ご自身のことを考えてみてください。

仕事の予定と、恋人との約束がバッティングし、「今回はどうしても仕事を優先させたい」というとき、「どうして自分の約束を軽んじるのか」と怒る相手よりも、あなたの仕事を心から応援し、「自分との約束は今度でいいから」と言ってくれる相手に、「自分の気持ちをわかってくれている」と感じるのではないでしょうか？

逆に、仕事の予定と子どもの学校の行事が重なり、「今回はどうしても学校の行

事を優先させたい」というとき、「仕事を優先しろ」という上司より、「仕事は明日でもいいから、今日は学校へ行きなさい」と言ってくれる上司に対し、「自分の気持ちをわかってくれている」と感じるのではないでしょうか？

また、健康で体力があるときは、自分一人である程度大事なものを守ることができるかもしれませんが、老いや病気により体の自由がきかなくなると、誰かの力を借りなければならなくなります。

大事なものであればあるほど、誰にでも任せるというわけにはいかないため、不安になったり焦ったりする人もいるでしょう。

しかしそのようなとき、自分の優先順位を理解してくれる人がいれば、人は安心してその相手の力を借り、穏やかな気持ちになることができます。

自分にとっての優先順位を意識するだけで、人生は変わる

なお、世の中では仕々にして、他者のため、組織のため、社会のために自分の優先順位を下げることが誠実さだと考えられがちですが、私はそうは思いません。

もちろん、ほかの人の役に立ちたい、組織や社会の役に立ちたいという気持ちは大事ですが、自分が本当に大事にしたいもの、「自分がやるべきだ」と思っていることを犠牲にし、他者の都合を一方的に優先させるのは本末転倒であり、何よりも自分に対して不誠実な生き方になってしまいます。

私は、人にはそれぞれに与えられたミッションがあり、そのミッションを果たすこと、自分の役割を果たせたと思えること、自分の大事なものを守れたと思えることこそが、本当の幸せにつながると思っています。

百人いれば百通りの優先順位があります。

家族を何よりも大事に思う人もいれば、友人を大事に思う人、仕事を大事に思う人、ペットを大事に思う人もいるでしょう。

とにかく、他者の評価、社会の価値観などに惑わされず、自分が大事にしたいと思うものを、しっかり大事にしていくようにしましょう。

たとえ、さまざまな事情で、自分の優先順位を完全に守ることはできなくても、自分にとっての優先順位や、自分にとって大切なものを常に意識するだけで、人生は変わります。

大切な人の優先順位も尊重することで、人生の後悔は少なくなる

逆に、信頼していた人、「自分の気持ちをわかってくれている」と思っていた人に、自分の優先順位を尊重してもらえないと、人は自分が否定されたと思い、大き

1
2
3
4

な悲しみを抱きます。

たとえば、私の知人のAさん一家が、あるとき引っ越すことになりました。Aさんのご家族は、マンションの4階の部屋を希望しましたが、高いところが苦手なAさんは反対しました。

しかし、結局、どうしてもそこに住みたいという奥さんやお子さんにAさんが根負けし、引っ越すことになりました。

体調が悪くなるときもありつつ、最初のうちは普通に暮らしていたAさんですが、ある雨の日、自宅で突然強いパニックに襲われ、病院に運ばれました。

Aさんのパニックは、「高いところが苦手だ」という優先順位を奥さんが理解してくれなかった悲しみや、日々強い不安に襲われながら、家族にも隠して暮らしていたストレスなどが原因でした。

ところが奥さんは、Aさんの高所恐怖症をあまり深刻にとらえておらず、パニックの原因が家の高さにあると知ったときも、「ずっと普通に暮らしていたのに、今さら?」とおっしゃったそうです。

Aさんは、何よりもその言葉に傷ついたと言い、以後、軽いパニックを繰り返し起こすようになってしまいました。


一見、平気そうに見えても、「大事な人に優先順位を理解してもらえなかった」「自分をわかってもらえなかった」という苦しみは積み重なっていきます。

そして、優先順位を尊重してくれない相手に対しては、「何を言ってもどうせわかってもらえない」と、期待することをやめてしまうケースもあります。

ですから、自分の優先順位を誠実に守ると同時に、大切な人の優先順位も尊重してあげてください。

そうすることで、より後悔の少ない人生を送ることができるはずです。

09

自分を
わかってくれる人がいると、
前向きに生きられる

わかってくれると思える誰かと生きることも、幸せの一つの形

ここで、あらためてお尋ねします。
あなたにとって、本当の幸せとはどのようなものですか？
あなたは、どんなことを本当の幸せだと感じますか？

どれほど地位や名誉、お金、才能などがあっても、それらが本当の意味での幸せをもたらしてくれないことは、すでにお話ししたとおりです。

では、本当の幸せとは、一体どのようなものでしょうか。
どんなに苦しい中でも希望を持ち、心が穏やかであること、周りの人たちの幸せを自分の幸せだと感じられることなど、この問いに対してもさまざまな答えが考え

られますが、私は「自分の気持ちをわかってくれていると思える誰かと共に生きること」も、幸せの一つの形であると思っています。

わかってくれると思える誰かといれば、生きる意味が見出しやすくなる

これまでお伝えしてきたように、自分の気持ちをわかってくれていると思える誰かがいれば、自分を肯定し、無理をせず自分らしくいられるようになります。

たとえ大きな苦しみの中にあっても、気持ちが安らぎ、つらさが和らぎます。

自分では「何も成し遂げられなかった」と思っていても、「Ｇｏｏｄ Ｅｎｏｕｇｈ」（それで良い）と言ってくれる存在がいれば、生きてきた意味、生きている意味を感じることができます。

自分の気持ちをわかってくれる誰かがいれば、家事でも仕事でもそのほかのことでも頑張れる、前向きに生きられるという人もいるでしょう。

そうした存在と共に生きることができれば、人は「自分の時間を大切な人、大切なことのために使うことができた」と感じ、自分の生きる意味を見出しやすくなり、自分を肯定し、後悔の少ない人生を送ることができます。

自分の気持ちをわかってくれていると思える誰かと出会い、共に生きることは、究極の幸せの形であるといえるかもしれません。

10

音楽や漫画、ペットが、あなたの理解者になることもある

与える人には、いろいろなことが与えられる

しかし、人はみな、基本的には自分のことで精いっぱいです。

あなたがどれほど苦しみ、自分を否定し、「誰かに自分の気持ちをわかってもらいたい」「誰かに話を聴いてもらいたい」「誰かに受け入れてほしい」と思っても、なかなかそんな相手には巡り会えないかもしれません。

そのような場合は、「自分の気持ちをわかってくれていると思える誰か」をただ待つだけでなく、自ら探しに行ってください。

自分の話を聴いてほしいときは、まず自分が相手の話を聴いてあげてください。

自分の気持ちをわかってほしいときは、まず自分が、相手に「自分の気持ちをわかってくれている」と思ってもらえる人になってください。

自分を肯定してほしいときは、まず自分が、相手を肯定してあげてください。

1
2
3
4

一見、遠回りのように見えても、それが「わかってくれていると思える誰か」に出会う、そして本当の意味で幸せになるための近道だと、私は思っています。

日本には、「情けは人のためならず」ということわざがあります。

「情けは他者のためにならない」と捉えられがちなこのことわざですが、本当は「他者に与えた情けは、巡り巡って自分の元に返ってくる」という意味です。

また、新約聖書（新共同訳、日本聖書協会）の「ルカによる福音書6章38節」には、「与えなさい。そうすれば、あなたがたにも与えられる」と書かれています。

いずれも、「まず与えること」をすすめています。

自分の何かをほかの人に与える人は、実はいろいろなことを与えられるのです。

苦しみをわかってほしいあなたが、まず、苦しんでいる誰かの話を聴く。

すると、その誰かの心が穏やかになり、今度はあなたの話を聴いてくれる。

苦しみを抱える者同士が信頼関係で結ばれ、そのように助け合い、支え合って生きていくことで、幸せの輪はどんどん広がっていくはずです。

「わかってくれていると思える誰か」は、
生きている人間でなくてもいい

ただ、深い苦しみの中にいる人には、「まず自分が相手の話を聴く」「まず自分が、相手に『自分の気持ちをわかってくれている』と思ってもらえる人になる」「まず自分が相手を肯定する」というのも、簡単なことではないでしょう。

ここでお伝えしたいのが、「大事なのは、苦しみを抱えている人が、相手に対し『この人なら自分の苦しみをわかってくれるかもしれない』と思えるかどうかであり、相手が本当に苦しみを100%理解している必要はない」ということです。

その相手は、現在生きていて、意思疎通できる人間じゃなくてもかまいません。

ちなみに私は、自分の気持ちをわかってくれていると思える誰かのことを「目に見えない伴走者」と呼んでいます。

たとえばみなさんは、小説やエッセイ、漫画、音楽、映像作品、テレビ番組やラジオ番組などを見聞きして、「この作家はわかっている」「このアーティストは自分の気持ちをわかってくれている」と思うことはありませんか？

あるいは、ペットや赤ちゃんなど、言葉は発しなくても自分の側にいてくれる存在に、「自分の気持ちをわかってくれている」と感じることはありませんか？

私が関わってきた患者さんの中には、痛みや苦しみを感じたとき、亡くなっている両親やパートナーに、自分の気持ちを話している方もいらっしゃいました。

40代で難治性の乳がんを患い、「まだまだ、やりたいことがたくさんあるのに」「結婚もせず、子どもも産まないままこの世を去る自分に、生まれてきた意味があったのだろうか」といった思いに苛まれ、ふさぎ込んでいた女性が、友人に誘われて山に登り、頂上から雄大な景色を眺めているうちに、「この大自然は、自分という存在を丸ごと受け入れてくれている」と思うことができた、と穏やかな笑顔で話してくれたこともあります。

過去の思い出の中に、目に見えない伴走者がいるかもしれない

過去の思い出に、目に見えない伴走者のヒントが隠されていることもあります。

今、苦しみを抱えている人、「自分の気持ちをわかってくれる人が誰もいない」と感じている人は、ぜひ一度、丁寧に過去を振り返り、良かったこと、楽しかったことを思い出してみてください。

誰かといて心の安らぎを感じたことはありませんでしたか？

誰かの言葉に「この人は自分の気持ちをわかってくれた」と喜びを感じたりした

ことはありませんでしたか？

その相手はもう連絡が取れない人、この世にいない人かもしれません。

でも、「もしあの人が近くにいたら、自分にどんな言葉をかけてくれるだろう」「もしあの人が生きていたら、自分の気持ちをわかってくれるかもしれない」「頑張っている自分に、『それで良い』と言ってくれるかもしれない」と思うことができたら、それだけで十分に救いになり、苦しみが和らぐのではないでしょうか。

ちなみに、私にとっては、亡くなった父が、目に見えない伴走者の一人です。

父は非常に勉強熱心な人で、長年、火山ガスの研究を行い、60歳後半以降は腎臓を患い、透析を受けながら非常勤で働き、専門誌を読みあさったり、火山ガスを採取するため、日本各地に精力的に出かけたりしていました。

私はそんな父を尊敬していましたし、亡くなった後も、父が私の心の中に存在していると感じ、何かに迷ったり悩んだりしたときは、「もし今、父がここにいたら、何を考え、どんなことを言うだろう」と考えます。

また、これまでに関わってきた患者さんやそのご家族も、私にとっての目に見えない伴走者です。

私が医師としての仕事をしながら、エンドオブライフ・ケア協会を設立し、医療や介護などに関わる人材の育成のための活動を続けていられるのは、家族やスタッフはもちろん、たくさんの見えない伴走者に支えられ励まされているからなのです。

気持ちをわかってくれていると思える誰か、目に見えない伴走者は、特別な一人でなくてもかまいません。

いずれにせよ、この世界に、絶対にあなたの理解者はいます。

1
2
3
4

11

もちろん、孤独にも価値がある

世の中には、孤独を愛している人もいる

苦しみを抱えているとき、自分を否定する気持ちが強いとき、「自分の気持ちをわかってくれている」と思える誰かがいると嬉しい。

長年ホスピス医として働いてきた経験から、私は、これは多くの人にあてはまる真理だと思っています。

ただ、もちろん例外もあります。

自分は一人のほうが気が楽で幸せだ。

どんなに苦しくても、他人に自分の気持ちをわかってもらえなくていい。

病気になったり、体の自由がきかなくなったりしたときには、人の手を借りるけれど、それ以上の支えは自分には必要ない。

人はそもそも、一人で生き、一人で死んでいくものだ。

おそらくみなさんの中にも、そのように考えている方はいらっしゃるでしょう。もともと孤独を愛している人もいれば、人間関係に悩み、孤独の中に救いを見出した人もいるかもしれません。

10年後、20年後の自分も、孤独に幸せを感じているかどうかを考えてみる

もしあなたが、孤独を幸せだと感じているのであれば、私は、そのままでもよいのではないかと思います。

孤独が幸せだという人に、無理に「自分の気持ちをわかってくれていると思える誰かを探しましょう」と言うつもりはありません。

しかし、人生最後のときまで「孤独でいい」と思える人は、それほど多くないのではないか、というのが、長年、多くの患者さんの看取りに関わってきた、私の実感です。

人間関係に悩み、疲れ、一時的に「一人でいたい」「人間関係を整理したい」と考えていても、時間がたてば、あるいは年齢を重ね、この世を去るときが近づいてきたら、やはり「人とのつながりを感じたい」と思うこともあるでしょう。

今まで、長年一人暮らしを続けられていた患者さんにも、何度も関わったことがあります。

中には「今さら人と関わっても仕方がない」と、おっしゃっていた患者さんもいらっしゃいましたが、私たち援助者とコミュニケーションをとるうちに、少しずつその方の表情が穏やかになっていったのを、私は今でもよく覚えています。

ですから、今、「孤独が幸せ」だと感じている人は、「10年後、20年後も今のままで幸せを感じられるかどうか」を想像してみてください。

もしそのときに、「やはり一人は嫌だ」と感じたのであれば、「どうすれば孤独のつらさを感じずにすむか」を考えてみましょう。

生きている人間と関わり合っていきたい場合は、やはり勇気を出して、自分から周りの人、特に自分にとって大事だと思える人とコミュニケーションをとる必要があるでしょう。

人によっては、ペットや自然との触れ合いによって、孤独のつらさが緩和されることもあるかもしれません。

孤独を選ぶのも、人と関わって生きることを選ぶのも、その人次第です。

「自分にとってはどのような状態が幸せなのか」

「どのような形で人生を終えたら、後悔が少ないか」

を考え、よりご自身に合うと感じた道を選択しましょう。

1
2
3
4

12

ときには相手の役に
立てないこともある。
それでも自分を認め、
許してあげよう

苦しんでいる人が、「気持ちをわかってもらえない」という苦しみも抱えていることもある

人が苦しみを抱いたり、自分を否定したくなったりするのは、自分自身が希望を叶えられなかったときや病気になったときだけではありません。

家族や友人など、身の周りの大事な人が何らかの問題を抱え、苦しんでいるとき、あなたもまた、苦しむことになります。

「自分には、その問題を解決してあげることもできないし、苦しみを代わってあげることもできない」という思いに苛まれることになるからです。

そんなときはまず、「何もできない自分」を認め、許してあげてください。

そのうえで、相手に「この人は、自分の気持ちをわかってくれている」と思ってもらえるような存在に、あなたがなってあげてください。

1
2
3
4

何らかの問題を抱えて苦しんでいるとき、相手は同時に、「自分の気持ちをわかってほしいのに、わかってもらえない」という苦しみを抱えていることが少なくありません。

しかし、「わかってもらえない」苦しみは、「誰かに自分の気持ちをわかってもらえた」と感じた瞬間に消えます。

問題自体は解決しなくても、それだけで、人は穏やかな気持ちになることができるのです。

苦しんでいる人の話を聴くときは、反復と沈黙を繰り返す

なお、相手に「自分の気持ちをわかってくれている」と思ってもらえる存在になるためには、何よりも、相手の言葉にじっと耳を傾けることです。

すでにお伝えしたように、患者さんが苦しみを訴えているとき、私たちは反復と沈黙を繰り返します。

たとえば患者さんがスタッフに「昨日、トイレに間に合わず、恥ずかしい思いをしました」と言ったとき、私たちは「昨日、恥ずかしい思いをされたのですね」と、患者さんの言葉のうち、重要なキーワードを反復します。

その後、患者さんが口を開くまで、こちらからは話しかけずに沈黙し、「今までは、トイレに間に合わないことなんてなかったのです」と言われたら、「今までは、間に合わないことはなかったのですね」と反復します。

このように反復と沈黙を重ね、患者さんが「この人は私の話を丁寧に聴いてくれる」「この人は私の苦しみをわかってくれる」という安心感や満足感を抱いてくれたとき、初めて患者さんと私たちの間に信頼関係が生まれます。

あるいは、私たちが反復と沈黙を繰り返すことで、患者さんが気持ちを整理することができ、自分の本音に気づきます。

そして患者さんは、ようやく「汚れた下着を家族に洗濯させたくない」「自分でできることは自分でしたい」「誰にも迷惑をかけたくない」など、最初は「昨日、トイレに間に合わず、恥ずかしい思いをしました」といった言葉の裏に隠れていた、本当の気持ちを話してくれるのです。

反復と沈黙は非常に難しく、すぐにはできないかもしれません。

でも、もし誰かが苦しみを訴えていたら、アドバイスや励ましの言葉をかける前に、まずは相手の言葉を否定せず、そのまま聴くようにしてみてください。

content 3

迷ったら「心が穏やか」でいられるほうを選ぶ

13

「どうしても変えられないもの」は静かに受け入れよう

苦しみには、解決できるものとできないものがある

ここからは、自分を否定する気持ちを手放すための4つのポイントのうちの三つ目、「変えられるものと変えられないものを見極め、変えられないものを無理に変えようとしないこと」についてお話しします。

老いや病気により、心や体が弱くなってしまった。
試験や仕事で望むような結果が出せなかった。
家族や友人、職場の人間関係がうまくいかない。
毎日がつまらなくて、何もしたいと思えない。

こうした悩みや苦しみを抱え、自分を否定してしまっている人は、少なくないでしょう。

生きている限り、人は苦しみと無縁ではいられません。
そして、多くの苦しみは、「こうありたい」「こうしたい」という希望と、それが叶わない現実との開きから生まれ、開きが大きければ大きいほど、苦しみや自分を否定する気持ちも大きくなります。

冒頭に挙げた悩みも同様です。
いつまでも健康で美しくいたいのに、日々歳をとってしまう。
試験や仕事でいい結果を出したいのに、なかなか思うようにいかない。
周りの人と仲良くしたいのに、喧嘩をしたりいじめに遭ったりしてしまう。
毎日楽しく充実した暮らしをしたいのに、やる気が起きない。

いずれも、希望と現実の開きから生まれていることがおわかりいただけるのではないでしょうか。

希望と現実の開きを埋めることができれば、苦しみは和らぎ、自分を肯定できるようになる

悩みや苦しみを抱えたとき、私たちはどうすればいいのか。

その問いに対する答えは、ニーバーの祈りの中にあると、私は思います。

ニーバーの祈りは、アメリカの神学者、ラインホルド・ニーバー（1892〜1971年）が考えたものだといわれており、

「神よ、変えることのできないものを静穏に受け入れる力を与えてください。
変えるべきものを変える勇気を、
そして、変えられないものと変えるべきものを区別する賢さを与えてください」

というものです。

1
2
3
4

まず、苦しみをもたらす希望と現実の開きには、埋められる（変えられる）ものと埋められない（変えられない）ものがあります。

たとえば、病気なら、良い治療法があれば治すことができるかもしれません。あきらめず努力すれば、試験や仕事でいい結果を出せるかもしれません。副業を始めたり無駄な支出を減らしたりすれば、自由に使えるお金が増えるかもしれません。

自分の言動を改めたり、周りの人との対話を重ねたりすれば、人間関係が改善されるかもしれません。

これらは、変えられる可能性のある現実、埋められる可能性のある開き、解決できる可能性のある苦しみだといえます。

もちろん、すべての問題が解決できるとはかぎりませんが、もし現実を変え、開きを埋めることができれば、苦しみが和らぎ、自分を肯定できるようになるかもしれません。

人には、絶対に解決できない苦しみがある

しかし、残念ながら、世の中にはどうしても変えられない現実、どうしても埋められない開き、どうしても解決できない苦しみもあります。

病気の中には、現代医学ではどうしても治せないものがあります。

勉強や仕事の内容が自分に合っていなくて、どんなに頑張っても結果がついてこないこともあるでしょう。

他人を変えることはできませんし、あなたがどんなに歩み寄っても、対話が成立しない人と良好な人間関係を築くことはできません。

過去に大きな過ちを犯したことがあり、ずっと後悔しているとしても、それをなかったことにはできません。

1
2
3
4

解決できない苦しみの最たるものは、老いや死でしょう。

どれほど科学が進んでも、人は老いや死から完全に逃げ切ることはできません。

こうした、解決できない苦しみを「解決したい」と思えば思うほど、人は解決できないことに苦しみます。

人生における選択の大切さ

そして、私は、ニーバーの祈りを、人生における選択の大切さを訴えているものであるととらえ、次のように解釈できると思っています。


「解決できる苦しみと解決できない苦しみを見分ける賢い目を持ちましょう。

そして、解決できない苦しみにいたずらに悩むのをやめ、勇気を持って、解決できる苦しみに力を注ぎましょう」

まずは、今抱えている悩みや苦しみをしっかり見つめ、その中から、解決できるものを選択し、ときには勇気を持って解決に取り組み、解決できないものは、静かに受け入れる。

それができたとき、人は自分自身を肯定し、心の平穏を手に入れ、幸せを感じられるようになります。

また、解決できない苦しみについても、一度受け入れることで見え方が変わり、苦しみを和らげる方法が見つかるかもしれません。

1
2
3
4

14

解決できない問題があっても、自分を責めなくていい

ネガティブな感情の裏には苦しみがある

それでは、人生において選択がいかに大切か、解決できる苦しみと解決できない苦しみをどう見分けるか、といったことについて、考えていきましょう。

まず、次の問いについて考えてみてください。

・今、何が一番気がかりですか？
その気がかりは、どうすれば解決しますか？
・イライラしていることはありますか？
そのイライラは、何らかの手段で解決できますか？
・今のまま生きていったとき、10年後のあなたは幸せですか？
どうすれば、10年後も幸せだと思えるでしょうか？

次に、気がかりなことやイライラしていることの原因を詳しく見てみましょう。

たとえば、お子さんの成績が気がかりだとしたら。

その気がかりは、「子どもに、いい成績をとってほしい」という希望と、現実との開きから生まれる苦しみであるととらえることができます。


あるいは、年齢を重ね、体力が落ちていることにイライラしているとしたら。

そのイライラは、「いつまでも元気でいたいのに」という希望と、現実との開きから生まれる苦しみであるととらえることができます。


このように、気がかりやイライラなどネガティブな感情の多くは、実は希望と現実の開きによる苦しみから生まれているのですが、自分が苦しんでいるということに気づいていない人はたくさんいます。

しかし、自分が抱えている苦しみに気づくことができれば、少しずつやるべきことが見えてきます。

勇気を持って、自分の弱さを受け入れ、苦しみを解決するということ

それでは、ニーバーの祈りに従い、気がかりやイライラの原因となっている苦しみを、「変えられるもの（解決できる苦しみ）」「変えられないもの（解決できない苦しみ）」の2つに分けてみましょう。

その苦しみは、自分自身の努力や他者からの助けによって解決できるものでしょうか？

それとも、誰にも解決できないものでしょうか？

もし解決できるものであれば、そこに力を注ぎましょう。

自分の手に余るようなことであれば、周りの人や医療機関、公共サービスなど、

ほかの人の力を借りましょう。

苦しみの中には、たしかに自分の努力次第ではあるけれど、解決するのが非常に難しいものもあります。

たとえば、アルコールやギャンブルなどに依存している人の多くは、自分一人の意思と努力で依存を断ち切ることが難しいかもしれません。

また、「強い自分でありたい」と思っている人、「今まで、何でも自分一人でやってきた」という人は、弱い自分、何もできない自分を認められず、他者に任せたりゆだねたりすることができない傾向があります。

でも、たとえ弱くても、何もできなくても、どうか自分を責めないでください。

「今、自分一人でその苦しみを解決することは難しい」という事実を受け入れ、ほかの人を頼ってみてください。

それが、勇気をもって変えられるものを変え、苦しみの解決に取り組むことであり、気がかりやイライラを和らげることにつながります。

幸せの基準を変えていく

ここでもう一つお伝えしたいのが、幸せの基準を変え、現実に合わせて希望を変えることができれば、希望と現実の開きを小さくし、苦しみを和らげることが可能になるということです。

地位や名誉、お金、才能などがもたらしてくれる幸せ、他者との比較によって感じる幸せ、世間で「幸せ」だとされているものを自分自身の幸せだと考え、「もっと地位や名誉がほしい」「もっとお金がほしい」「もっと才能がほしい」といった希望を抱いている人は、おそらくたくさんいるでしょう。

1
2
3
4

しかし、それらを失えば、幸せも失われます。

また、自分より強く、力のある他者はいくらでもいるため、比較によって感じる幸せを求めても、なかなか満足することができません。

その結果、希望と現実の開きがどんどん大きくなり、苦しみが生まれてしまいます。

ただ、幸せの基準を変えれば、希望の抱き方も変わります。

もし「心穏やかに生きること」「自分にとって大切な存在と支え合って生きること」「人のために、自分なりにできることをすること」などを幸せだと感じることができれば、無理なく、現実に合わせた希望を抱くことができるようになるでしょう。

「バリバリ働いて、人より多くお金を稼ぐこと」を幸せだと感じていた人が、現代医療では治すことのできない病気にかかり、働くことが難しくなったら、一度は苦しみ、絶望するかもしれません。

それまで抱いていた希望と、自分が直面した現実の開きを埋めることができず、それまで幸せだと思っていたものを手にすることも、二度とできないからです。

これはまさに、解決できない苦しみだといえます。


でも、その人が「働き、お金を稼ぐことができなくなった自分」を認め、「今の自分にできる何かを見つけること」を望み、実現できれば、どうでしょう。

希望と現実の開きが埋まり、苦しみは和らぎ、それまでとは違う形の幸せを感じることができるようになるはずです。


このように、幸せの基準を変え、現実に合わせた希望を抱くことも、勇気をもって変えられるものを変え、苦しみの解決に取り組む一つの方法だといえるでしょう。

ささやかな希望や誰かを想う気持ちが、人の心や表情を変える

「限られた中でもできることがある」という希望や、誰かを想う気持ちが与えられると、人の心も表情も大きく変わります。

以前関わった患者さんの中に、肺がんで余命半年と宣告された、50代の男性がいました。

病気になる前、メーカーの営業マンとして仕事に心血を注いでいたというその患者さんは、最初のうち、自分の病気や余命わずかであることを受け入れられず、自暴自棄になっており、「働くことのできない自分に価値はない」「人に迷惑ばかりかけて、こんな体で生きていても仕方がない」と言っていました。

ところが、ご家族や私たち援助者からのサポートを受けているうちに、少しずつ病気であることを認め、今の自分を受け入れられるようになったのでしょう。

あるときを境に、彼は酸素を吸入しながら、大好きなたばこを吸いながら、毎日便せんに向かい、ご家族へのメッセージを書くようになりました。

眼鏡の奥の目をらんらんと輝かせ、「人生において大事なのは、お金でも出世でもない。人は宝だということを、子どもたちに伝えたい」と言っていた彼の表情を、私は今でも忘れられません。

その患者さんは、死が間近に迫っているという究極の絶望の中で、「働けなくなった自分にも、自分の人生で得た教訓を大事な人に伝えることができる」「病気を治すことも死を避けることもできないけれど、変えられるものがある」ということに気づいたのです。

ニーバーの祈りは、
本当に大切なものや希望を見つけるためのもの

みなさんの中には、幸せの基準を変えること、現実に合わせた希望を抱くことを「あきらめ」だと感じる人もいるかもしれませんが、そうではありません。

変えられるものと変えられないものを見分け、変えられるものを勇気を持って変えていくこと。

それは、本当に大切なことに気づくことであり、どんな苦しみの中にあっても希望を失わないことであり、本当にあなたらしい人生を歩むことなのです。

そして、ニーバーの祈りは、「自分には変えられないものがたくさんある」と確認するための言葉ではなく、本当に大切なものや希望を見つけ、自分を肯定するための言葉であると、私は思います。

心身の健康を損ない、思うように生きられなくなった人、コロナ禍によって仕事を失い、今までどおりの生活を送ることができなくなった人……。

みなさんの中にはさまざまな苦しみを抱え、自分自身や自分の人生を否定し、「こんな状況で、幸せになんかなれるはずがない」と思っている人もいるかもしれません。

でも、変えられるものを知り、変える勇気を持つことができれば、自分自身や自分の置かれている状況、自分の人生を肯定できるようになり、あなたの苦しみは半分になるかもしれません。

しかもそれは、あなたに、究極の幸せを与えてくれるはずです。

15

「いい加減」「適当」はちょうどいい状態。決して無責任ではない

私が「解決できない問題を受け入れる」ことを知ったとき

私が、「解決できない問題を受け入れる」ことを知ったのは、今から25年ほど前、横浜甦生病院のホスピス病棟に勤め始めて3、4年ほど経ったころでした。

当時私は、ある男子高校生を担当していました。

彼は白血病を患っていたのですが、病気が神経にまで及び、脚のほうから徐々に神経が麻痺《まひ》していっていました。

当然のことながら、彼は大きな苦しみを抱えていました。

そんな彼に対し、私は主治医として「力になります」「全力を尽くします」と口では言いながら、病気を治すことも、苦しみを取り除くこともできませんでした。

看護師さんなら、身動きがとれない患者さんの体を拭く、筋肉のマッサージをする、車いすを押して病室の外に連れ出すなど、直接的に患者さんの力になることができ、患者さんも彼女たちに対しては笑顔を見せます。

でも、治る見込みのない病気に対して、医師にできることは何もありません。

私は「患者さんを助けたくて医師になったのに、自分はなんと無力なのか」「この仕事は自分には向いていないのではないか」と落ち込み、毎日、彼に会うのがつらくてたまりませんでした。

病室の前から逃げ出したいと思ったことも何度もあります。

あんなにも絶望を感じたことはありませんでした。

そのとき、私はホスピス病棟長を任されており、私を信じてついてきてくれる看護師さんたちと共に、さまざまな困難に立ち向かわなければならないと思っていました。

また、子どもも幼かったため、「家長として家族を守らなければ」「いい夫でいなければ」「いい父親でいなければ」という思いも強く、「自分は、弱くてはいけない」と常に気を張っていました。

弱い自分から逃げないという選択は、幸せにつながる

しかし、その患者さんに対して何をすることもできない自分の無力さに苦しむ中、ある日、まるで天からの啓示のように、ふと心に浮かんだのが、「弱くていい」「無力でいい」という言葉でした。

私はクリスチャンですが、その瞬間、「神様が弱い自分を『それで良い』と認めてくださった」「そのうえで、弱い自分と共にいてくださっている」と感じ、暗闇の中に一筋の光が差したような気がしたのです。

それまでの私は、「患者さんの力にならなければ」「病気は治せなくても、患者さんが笑顔になって『ありがとう』と言ってくれる、そんなコミュニケーションをとらなければ」とばかり思っていました。

「強い自分、人の力になれる自分でいたい」「患者さんの苦しみを解決したい」と願い、弱い自分、何もできない自分を認め、肯定することができなかったのです。


でも、医療の現場には解決できないことが山ほどあります。

病気が進行し、少しずつ何もできなくなっていく患者さんや、痛み止めが効かなくなり、苦しむ患者さんに「何もできなくてごめんなさい」としか言えない。

ホスピス医をしていると、そんなことは日常茶飯事です。

「弱くていい」「無力でいい」という言葉が浮かんだ瞬間、弱い自分、無力な自分が許されたように感じ、肩に入っていた力がスッと抜けたような気がしました。

そして、苦しみや悲しみを抱えている患者さんに対して何もできない自分を、まず認め、受け入れることが大事であり、弱いからこそ、患者さんに誠実に向き合うことができるということに気づいたのです。

「いい加減」「適当」という言葉は、しばしば「無責任」というニュアンスを込めて、良くない意味で使われますが、私は、これは「肩の力が抜けた状態」を示す言葉だととらえています。

私は、「弱くていい」「無力でいい」と思えたことで、決して無責任になったわけではありません。

ただ、そのおかげで、ようやく無力感にうちのめされることなく、その患者さんの部屋に入り、肩の力が抜けた自然な状態で、それこそ「いい加減」で、患者さんと向き合うことができるようになったのです。

あのとき、自分の弱さを受け入れることができなかったら、私には「彼に対して何もできなかった」「自分はダメな人間だ」という後悔だけが残り、もしかしたら医師の仕事を続けることができなかったかもしれません。

自分が弱いせいで思い通りに生きられないと思ったら

あなたが「今、苦しいのは、自分が弱いせいだ」「思い通りに生きられていないのは、自分が弱いせいだ」と感じているなら、まずは「弱くていい」と、そんな自分を認め、受け入れてあげてください。

自分の弱さを責め、「強くならなければ」「問題を解決しなければ」と思い込んでいたときとは、世界の見え方が変わってくるのではないでしょうか。

そのうえで、弱い自分にどんな選択肢が用意されているのか、考えてみましょう。もしかしたら、日常の中のちょっとした選択が、あなたの苦しみを和らげてくれるかもしれません。

何もできないと思っていた自分に、まだできること、変えられることがあるということに気がつくかもしれません。

そう思うだけで、苦しみや絶望の中に、一筋の光が差し、希望が見えてくるはずです。

苦しみの中で一度立ち止まり、弱い自分を受け入れ、そんな自分の前にどんな選択肢が広がっているかを考えること。

そこに、自分自身を肯定し、本当の強さを手に入れる道があると、私は思います。

16

苦手な人とは離れていい。
自分を否定しない
人間関係の選び方

理想的な人間関係は I am OK, You are OK.

もしあなたが、人間関係で悩みを抱えていたり、「誰も自分の気持ちをわかってくれない」と感じたりしているのであれば、考えていただきたいことがあります。

それは、「今、あなたが時間やエネルギーを割いている人たちが、本当にあなたにとって大事な人たちなのか」「その人間関係があなたにとって幸せなものなのか」「お互いに肯定し合える人間関係なのか」ということです。

私が考える理想的な人間関係は、

①I am OK, You are OK.（私も良い、あなたも良い）

の形です。

互いを肯定し大事にし合う関係、優先順位を尊重し合う関係、相手の話を聴き合い、助け合い、支え合う関係は、まさにこの形だといえるでしょう。

逆に、以下のような人間関係は健全とは言い難く、人はなかなか幸せを感じることができません。

②I am OK, You are not OK.（私は良い、あなたはダメ）
③I am not OK, You are OK.（私はダメ、あなたは良い）
④I am not OK, You are not OK.（私もダメ、あなたもダメ）

ご家族やパートナー、友人、上司や同僚など、身の周りの人たちの顔を思い浮かべ、それぞれの関係が①〜④のうちのどれに該当するか、考えてみてください。

もし①に当てはまる人がいるなら、その人との関係を大事にしましょう。

ただ、②〜④に当てはまると感じたなら、その人との距離や関係性、あなたの相手への接し方を見つめ直したほうがいいかもしれません。

これからの人生を穏やかで幸せなものにするために

前にもお伝えしたように、人が他人を変えるのは、非常に難しいことです。
ほぼ不可能だと言ってもいいでしょう。
たとえ親でも、子どもを完全に思い通りにすることはできません。

人間関係の悩みや苦しみの原因の一つは、そこにあります。
自分以外の人間を何とか変えたいけれど、変わらない。
その理想と現実の開きに、人は苦しむのです。

しかし、あなたにも変えられるものがあります。
それは、あなた自身と、あなたと相手との距離、関係性です。

たとえば、あなたという人間やあなたの人生を否定する人、大事にしてくれない人、あなたの優先順位を尊重してくれない人がいるなら、心の中でその人の優先度を下げ、距離をとってもいいでしょう。

逆に、もしあなたが大事な人を否定するようなことを言っていること、おろそかにしていること、相手の優先順位を尊重していないことに気づいたら、その人との関係性の優先度を上げ、できるだけ大事にしてあげてください。

なお、先ほどの①~④を利用した人間関係のチェックは、定期的に行うことをおすすめします。

もしご家族など、あなたにとって大切な人との関係が②~④になってしまっていると感じたら、あなたのほうから相手に素直に語りかけ、相手の言葉に耳を傾けてください。

そうすることで、①の関係に戻り、互いに「気持ちをわかってくれている誰か」になることができるかもしれません。

死を前にしたとき、人は人生を振り返り、さまざまな後悔の念を抱きます。

その中でも特に多いのが、人間関係に関する後悔です。

自分にとって本当に大事な相手、自分のことをわかってくれた相手に気づき、「元気なときに、もっと大事にすればよかった」と思う人が少なくないのです。

あなたのこれからの人生を穏やかで幸せなものにするために。

この世を去る前に後悔しなくてすむように。

ぜひ「I am OK, You are OK」の関係を大事にしてください。

1
2
3
4

17

自分らしく自信を持って生きるために、体の声を聴こう

体は、自分に必要なものをちゃんとわかっている

自分を肯定すること。

それは、自分にとって必要なものを必要なときに手に入れ、自分が自分を大事にすることだといってもいいかもしれません。

しかし、もしかしたらみなさんの中には、「自分でも、自分にとって何が大切なのかわからない」「自分が何を望んでいるのか、自分がどう生きたいのかがわからない」「選択を迫られたとき、何を選んだらいいのかわからない」という方がいらっしゃるかもしれません。

そのような場合、おすすめしたいのが、体が何を求めているかを知ること、つまり体の声を聴くことです。

1
2
3
4

私たちの体は、そのときの自分に何が必要で何が必要ではないのか、ちゃんとわかっています。

これは、今まで多くの患者さんと関わる中で、私が実感したことです。


たとえば、この世を去るときが近づき、食欲がなくなっている患者さんに、医師が無理矢理食事を食べさせると、かえって具合が悪くなることがしばしばあります。

食欲が失われるのは、体が少しずつ、やがて訪れる静かなときに向けて準備をしているからだと考えることもできるでしょう。


年齢を重ねたり病気になったりすると、体の声にどんどん逆らえなくなります。

ですから私は、特に死が間近に迫っている患者さんには、できれば医師の言葉より、自分の体の声を優先させてほしいと思っています。

体の感覚に敏感になり、体の声を聴く

ところが、私たちはふだん、なかなか体の声を聴くことができません。

本当は体が求めていることがあっても、気力や体力があるうちは、どうしても頭で考えたことなどを優先させ、体からのサインに気づくことができないのです。

もしあなたが、自分の体の声を聴きたいと思うなら、

「この一か月で、一番印象に残った食事はなんですか？」

「この一か月で一番楽しかったことはなんですか？」

と、自分自身に尋ねてみてください。

なぜ、その食事が印象に残っているのか。
自分は何を楽しいと感じ、何に喜んでいたのか。

これらを頭で考えるのではなく、体がおいしいと感じたもの、体が楽しいと感じたものを確かめてみるのです。
それを何度か繰り返すうちに、体の感覚に敏感になり、体が発するサイン、体からの声が、少しずつわかるようになってくるはずです。

体の声を聴けるようになったら、人生において迷いが生じたとき、選択を迫られたとき、自分にとって大事なものを確認したくなったとき、ぜひ自分自身に問うてみてください。

今は何もしたくないと思ったら

「今は何もしたくない、何も考えたくない」と思う瞬間が、人生にはしばしば訪れます。

そんなときに、いくら頭で「頑張らなければ」「何かを選ばなければ」と思っても、なかなか動くことができませんし、より良い選択もできません。

私は、これは、心と体がエネルギー切れを起こしている状態だと思っています。

心や体がガス欠を起こしたとき、おすすめしたいのは、一度現実から離れ、自分を安心できる場所に置くことです。

物理的に移動してもかまいませんし、それができないときは、過去を振り返り、楽しかった出来事、一緒にいて落ち着く人、心が穏やかになる場所などを思い浮かべるだけでもいいでしょう。

1
2
3
4

時間に追われていたり、心が傷ついていていたりする状態では、正しい判断を下すことはできません。

何かを始めるのも、何かを考え選択するのも、安心できる場所に自分を連れていき、心と体にエネルギーを満たし、自分の本来の姿を取り戻してからにしましょう。

体の声を聴き、他者からの要求や他者からの評価に惑わされず、本当の自分がどのような人間であるかを知ること。

それこそが、自分を肯定するために必要なプロセスであるといえるかもしれません。

content 4

今日を精いっぱい生きられれば、それでいい

18

他者にゆだねることができれば、自分を許せるようになる

人生の意味を確かめるための問い

ここからは、自分を否定する気持ちを手放すための4つのポイントのうちの四つ目、「変えられるものを変えようと、一日一日を頑張って生きること」についてお話しします。

私は、がんをはじめ、苦しい病気を患い、人生最後のときが近づきつつある患者さんに関わるとき、必ず次のような問いかけを行います。

「あなたは今まで、なぜこのような大変な病気と闘ってこられたのですか？」
「病気を抱えながら生きる際に、あなたを支えてきたものはなんですか？」

なぜなら、この問いかけをすることにより、「どうして自分ばかりがこんなに苦しい思いをしなければならないのか」「自分の力で動くこともままならず、誰の役にも立てない自分など、死んでしまったほうがましだ」などと思っていた患者さんが、「自分はたくさんの人に支えられている」と気づき、自分が存在する価値や意味を実感し、自分自身を受け入れられるようになることが少なくないからです。

「支えてくれた存在などいない」と思っている人ほど、苦しみを抱えやすい

なお、こうした問いに対し、8~9割ほどの方は、自分を支えてくれた存在として、すぐに家族や友人、私たち援助者などを挙げ、周りの人たちに感謝し、「大切な人たちのために、一日でも長く生きよう」という思いを新たにします。

ところが、残りの1~2割ほどの方は、最初のうちは「自分には、支えてくれた存在などいない」と答えます。

そうお答えになるのは、「誰にも頼らずに生きてきた」という気持ちが強い人、人に甘えたり大事なことをゆだねたりすることが難しい人が多いように思います。こうした人にとってもっとも幸せなのは、自分自身が納得できる選択肢を自分自身で選び、それによって望む結果が得られたときです。

しかし、彼らは病気になり、一人でトイレに行くことすらままならなくなると、大きな絶望を味わいます。

自分の力では、自分の望みが何一つ叶わなくなるからです。

そして必ず、私たちに向かって「早く死なせてほしい」と口にします。

誰になら、自分が大切にしていることをゆだねられるか

そんなとき、私たちは、患者さんの気持ちを聴いたうえで、「この先、何があれば安心ですか?」という問いかけを行います。

はじめは自暴自棄に陥っていた患者さんでも、この問いかけを丁寧に繰り返していくうちに、少しずつ自分の気持ちを整理していきます。

やがて、「会社の経営を、Aさんに任せたい」「自宅の庭の手入れを、Bさんに頼みたい」、あるいは「自分の排せつ物の世話を、病院のスタッフのみなさんにお願いしたい」といったことをぽつり、ぽつりと話すようになります。

本当は自分でやりたいけれど、どうしてもできない。

その事実に向き合い、認めたとき、今まで「誰にも迷惑をかけたくない」「迷惑をかけるくらいなら死んでしまいたい」と思っていた彼らが、初めて自分ではない誰かにゆだねる勇気を持ちます。

そして、ゆだねられる誰かが見つかったとき、表情が一変し、それまで見たことがないような、穏やかなほほえみを浮かべるようになるのです。

この段階に至るまでには、かなりの時間がかかりますし、患者さんの心の中で、さまざまな葛藤があると思います。

しかし、人は解決できない苦しみを抱えていても、自分を支えてくれている存在、自分が大切にしているものをゆだねられる存在に気づくことで、自分を肯定し受け入れ、心の穏やかさや前向きに生きる力を得ることができるのです。


今、苦しみを抱え、自分を否定してしまっている人は、「なぜ自分は、こんな苦しみを抱えながらも生きてこられたのか」と、ご自身に問いかけてみてください。あなたを支えてくれている存在に気づくことができるかもしれません。

もし「そんな存在はいない」と感じたなら、「自分のいのちの終わりが近づいているとしたら、誰に自分の大切なものをゆだねられるか」を考えてみてください。

その人が、これからあなたが生きていくうえでの支えになるかもしれません。

19

ただ存在するだけで
価値がある。
今日という日にも
意味がある

あなたに支えがいなかったとしても、あなたは誰かの支えになれる

これまで私が出会った方の中には、重い病気を抱え、一時は「自分には、支えてくれた存在などいない」と絶望や孤独を感じたものの、自分自身が誰かの支えになることで幸せを感じ、自分を肯定し、前向きに生きる力を得た人もいます。

現在、私が講師を務める「エンドオブライフ・ケア援助者養成講座」を受講されたMさんは、40代のときに乳がんと診断され、片方の乳房を全摘することになりました。

独身だったMさんは大変なショックを受け、不安や後悔に襲われました。

乳房が片方しかなくても、自分を愛してくれる人はいるのだろうか。

年齢を考えても、化学療法などの後遺症を考えても、出産は無理だろうか。

そして、「生きなければ」と思えるような、支えになるようなパートナーや子どもがいない寂しさ、つらさを痛感し、大きな苦しみと絶望を抱えていました。

そんなある日、Mさんは検査のために病院を訪れ、待ち時間の間に、本棚に置いてあった私の本を手にしました。

たまたま開いたページに、

「あなたに支えがいなかったとしても、あなたは誰かの支えになれる」

と書いてあり、Mさんは「そうか、私が誰かの支えになればいいのか」と気づき、がんを宣告されて初めて、人目をはばからずに泣いたそうです。

人は、ただ存在するだけで価値がある

Mさんは、「重い病気を患っていても、誰かの役に立とう」と気づいたりすることで、心の穏やかさを取り戻し、自分を肯定し、前を向いて生きる力を手に入れました。

今までのように動くことはできなくても、支えがなく絶望しても、一つでも誰かの役に立てることがあり、支えになることができれば、幸せを感じられる。

それはもちろん、とても素敵なことです。

ただ、私自身は、次のように考えています。

たとえまったく誰かの役に立つことができなくなったとしても、人には、ただ存在するだけで価値がある。

そして、その人が生きている、今日という何気ない一日に意味がある、と。

20

大事な人をいたわるように、自分自身をいたわろう

セルフコンパッションで自分自身を認め、受け入れる

近年、「セルフコンパッション（self-compassion）」という概念《がいねん》が、さまざまなメディアで取り上げられるようになっています。

セルフコンパッションとは、「自分自身」を意味する「ｓｅｌｆ」と、「思いやり」を意味する「ｃｏｍｐａｓｓｉｏｎ」を組み合わせた言葉で、「ストレスや苦しみを抱えながらも自分自身を慈《いつく》しみ、前向きな気持ちを維持すること、およびそのための方法」を指します。

現代はストレス社会だといわれていますが、特にコロナ禍によって社会全体の不安感が増したり、人との交流などが制限されたりしたことで、知らず知らずのうちにストレスを抱え込んでいる人が増えています。

そんな中で、セルフコンパッションによるストレスの軽減に注目が集まっているのです。

そして私は、このセルフコンパッションの考え方は、自分自身を肯定し、受け入れるうえで、非常に有効だと思っています。

たとえば、セルフコンパッションでは、自分自身を大切な家族や友人のようにとらえることがすすめられています。

自分を肯定できない人は、苦しみを抱えたとき、「なぜこんなこともできないのか」「この程度のことでくじけていてはだめだ」といった具合に、自分を責めてしまいがちです。

しかし、人は、大事な人が悩んだり苦しんだりしているときには、優しい言葉や態度で接するはずです。

それと同じように、みなさんもぜひ、苦しみを抱えた自分、できるはずのことができない自分のことも否定せず、いたわり、丸ごと受け入れてあげてください。

ディグニティセラピーで自分の生きてきた意味や存在価値を見つける

では具体的に、どのように自分をいたわればいいのか。

さまざまなやり方がありますが、ここでは「ディグニティセラピー」を用いた方法をお伝えします。

めぐみ在宅クリニックでは、「ディグニティセラピー」を取り入れています。

これは、「人生の中でもっとも大切だと考えている出来事は?」「大切な人に伝えておきたい言葉は?」といった9つの質問を参考にしながら、患者さんにご自分の人生を振り返っていただくというもので、カナダの精神科医であるチョチノフ医師によって考案されました。

ディグニティセラピーの目的の一つは、質問に答えることで、患者さんがさまざまな記憶を掘り起こし、自分自身やご自分の人生について考えるきっかけをつくることにあります。

その過程で、ご自分が生きてきた意味に気づき、人生を肯定できるようになる方が少なくありません。

病気であることがわかってから、ずっと「死にたい」と言い続けていた患者さんの表情が、ディグニティセラピーを受けた直後から穏やかになり、「あのとき死ななくてよかった」とまで言って下さった、というケースもあります。

おそらくその患者さんも、質問に沿って自分の人生を振り返りながら、自分の存在価値を見つけることができたのではないかと私は思います。

そして私は、ディグニティセラピーは、人生の最終段階を迎えた人だけでなく、大きな苦しみを抱えている人、自分や自分の人生を肯定できずにいる人にも、気づきと、前を向いて生きていく力を与えてくれると考えています。
過去を丁寧に振り返り、自分自身が生きてきた意味や存在価値を発見する。それはまぎれもなく、頑張って生きてきた自分をいたわること、自分自身や自分の人生を肯定し、受け入れることにつながります。

できれば、信頼できる人と対面し、会話形式で進めていくのが望ましいのですが、9つの質問に沿って導き出した答えをノートに書いてもよいでしょう。以下に質問の内容を記しておきますので、ぜひやってみてください。

［ディグニティセラピーの質問］

1．これまでの人生について少し教えてください。特に、あなたがもっとも憶えている、あるいはもっとも大切だと考えているのは、人生のどの時期でしょうか。もっとも生き生きしていたと感じるのはいつのことですか。

1
2
3
4

2. あなたのことで、大切な人に詳しく知ってほしいことや、特に憶えておいてほしいことがありますか。

3. これまでの人生であなたが果たしてきた役割（家族の中での役割、仕事での役割、社会的な役割など）の中で、あなたにとってもっとも大切な役割は、どの役割ですか。どうしてそれがあなたにとってそれほど大切なものなのですか。その〜という役割では、どのような役割を果たすことができたと思いますか。

4. これまでやり遂げたことで、あなたにとって、もっとも重要なことはなんですか。もっとも誇りに思うのはどのようなことでしょうか。

5. あなたから、大切な人に伝えておかなければと感じていることや、もう一度時間をとって伝えたいことが、何か特別にありますか。

6. あなたの、大切な人に対する希望や夢にはどんなことがありますか。

7. あなたが人生から学んだことで、誰かに受け渡したいと思うことはありますか。大切な人へ受け渡したいアドバイスや指針にはどのようなものがあ

ります か。

8. 大切な人が将来に備えるうえで役立つように、伝えておきたい言葉や、指示などはありますか。

9. この手紙は（大切な人の手元に）ずっと残るものですが、ほかにも入れておきたいものはありますか。

（エンドオブライフ・ケア協会による訳を引用）

21

どうしても苦しいときは、同じ気持ちを抱えている人とつながろう

同じ悩みを持つ人と苦しみを分かち合うことが、ときには支えになる

進路のこと、人間関係のこと、仕事やお金のこと、健康のこと……。

生きていれば誰でも、一度は解決できない悩みや苦しみに遭遇するでしょう。

そうした苦しみを抱え、ときに絶望しながらも前を向いて生きていくのは容易なことではありません。


ただ、同じ悩みや苦しみを抱えた人と互いに気持ちを話し合い、苦しみを分かち合い、支え合うことが救いになることも人生にはしばしばあります。

人それぞれ、性格も抱えている事情も異なるため、相手の気持ちを100％理解するのは難しいかもしれませんが、「同じ悩みを持つ人であれば、自分の気持ちをわかってくれるかもしれない」と思えることが、ときには支えになります。

1
2
3
4

次は自分が支える側にまわることで、支え合いの輪が広がっていく

「大切な人を失う」というのは、人生において人が経験しうる、もっとも大きな悩み、苦しみの一つではないでしょうか。

大切な人を亡くしたとき、残された人々は悲しみに加え、「生きている間に、もっと大事にすればよかった」「もっと早く病院に連れていけばよかった」「亡くなる前に、希望を叶えてあげたかった」といった具合に自分自身を責め、苦しみに襲われることが少なくありません。

しかし、そうした苦しみを抱えている人に、他者が慰めや励ましの言葉をかけたところで、「他人にこの気持ちがわかるはずがない」と思われてしまうでしょう。

それよりも、「同じ悩みを持ち、苦しみをわかってくれる人がそばにいる」と感

じられることのほうが、気持ちを楽にしてくれるはずです。

実際、コロナ禍が起こる前まで、めぐみ在宅クリニックでは、月に一回、ご遺族の集まりである「わかち合いの会」を開いていたのですが、同じ境遇の人たちがいる中で、自分の気持ちを話すことによって、参加者のみなさんが自分自身を癒《いや》しているように感じました。

ですから、もしみなさんが今、何らかの苦しみを抱えているなら、同じ悩みを持つ人の集まりなどに参加したり、同じ悩みを持つ人に気持ちを話したりしてみるといいかもしれません。

そこで、前を向いて生きていく力を得られたなら、おそらく「次は自分が、同じ悩みを持つ人の支えになろう」という気持ちが生まれ、少しずつ支え合いの輪が広がっていくはずです。

22

この世を去っても、あなたの存在や価値はゼロにはならない

死を私たちはどう受け入れるべきか

最後に、「死」について、みなさんにお伝えしたいと思います。

死は誰にとっても避けて通ることのできない苦しみであり、死を前にしたとき、人は、肉体的にはもっとも弱くなります。

そして、感染症の蔓延《まんえん》や紛争の勃発など、世界でさまざまなことが起こっている今、これまでより死を身近に感じている人は多いのではないでしょうか。

みなさんの中には、「死によってすべてが無になる」「死は何ももたらさない」と考えている方もいらっしゃるかもしれませんが、私はそうは思いません。

あなたが亡くなった後も、あなたが大切にしてきた人たちの心の中で、あなたは生き続けます。

たとえばあなたのご家族は、ちょっとした会話の間に、「あの人が生きていたら、今、どんな言葉を話すだろう」と思うでしょう。
あなたの仕事仲間や会社の後輩は、「あの人が生きていたら、このアイデアに対してなんと言うだろう」と考えるでしょう。

死は、有限から無限に変わること

なお、批評家・随筆家の若松英輔さんは、『NHK「100分de名著」ブックス 内村鑑三 代表的日本人 永遠の今を生きる者たち』（NHK出版）の中で、キリスト教思想家・文学者である内村鑑三さんが残した『後世への最大遺物』の一節を評して、次のように書かれています。

「種である自分は大木になることを知らない

先の一節に続けて内村が語るのは、人間における『樹木的成長』です。

（中略）

種から始まり、樹木になり、実を成し、それを拾って食べる他者がいる、食べることでその者は心身を養う。しかし、そのことを樹木そのものは知らない」

ここに書かれているとおり、私たちがこの世を去った後、あなたの言葉や想い、人生を通して学んだこと、教訓、作品などは、必ず誰かが受け取ってくれます。ときにはそれが、世代を超えて伝えられていくこともあるでしょう。

「自分には子どもがいないから」と思う人もいらっしゃるかもしれませんが、その誰かは、直系の子孫とは限らず、文化として受け継がれていくこともあります。

死は無でも絶望でもありません。

死は、有限から無限に変わることなのです。

後悔のないよう、今日という一日を生きていく

なお、人の最後の瞬間は、草花がゆっくり枯れて土に還っていくような、とても静かなものです。

この世を去るときが近づいてくると、徐々に歩ける距離が短くなり、布団で過ごす時間が長くなります。

また、食事量が減っていき、昼間でも寝ている時間のほうが長くなります。

いよいよ死が間近に迫ってくると、呼吸が浅くなって回数も減り、意識のない状態が長く続いたのちに、ひっそりと息を引き取ります。

これが、穏やかな死の瞬間です。

もちろん、人それぞれ個性が違うように、亡くなり方も異なります。

全員がこのように穏やかに死を迎えられるわけではなく、不慮の死を遂げる方もいらっしゃいます。

しかし多くの場合、体がきちんと準備を整えてくれて、眠るように穏やかに死を迎えることができるのです。

私たちは誰もが、いつか必ずこの世を去ります。

そのとき、自分自身に対して「お疲れ様でした」と思えるように、本当の自分らしさを見つけ、自分自身を愛し肯定し、後悔のないよう前を向いて、今日という一日を生きていきたいものです。

1
2
3
4

おわりに

この本は、さまざまな理由によって自分を否定し、「自分には価値があるのだろうか」「自分はここにいて良いのだろうか」「自分の人生に意味はあるのだろうか」といった思いを抱えている方に、自分を支えてくれている存在に気づき、ありのままの自分を受け入れ、肯定し、自分自身に対して「Ｇｏｏｄ Ｅｎｏｕｇｈ」（それで良い）と言えるようになってほしい、そして前を向いて、自分らしく穏やかで幸せな人生を歩いていってほしい。

そんな思いを込めて書いたものです。

しかし、それだけではありません。

私は、自分の支えに気づき、自分を肯定し、受け入れられるようになった方が、他者を肯定し、受け入れ、他者の支えとなってくださることを願っています。

そのような方が増えることで、ユニバーサル・ホスピスマインドが広がり、誰もがこの世を去る瞬間まで幸せに、穏やかに生きられる社会につながっていくと思っているからです。

ユニバーサル・ホスピスマインドとは、私たちがホスピスの現場で学んできた、「解決の難しい苦しみを抱えていても、穏やかでいられる考え方」「自分の弱さを認め、人に優しくなれる関わり方」のことです。

そして「ホスピス」(hospis)という言葉は、ラテン語のHospitium(客を厚遇すること、暖かいもてなし)に由来しています。

ホスピスの原点は、中世の初めにヨーロッパ西部キリスト教の教会や修道院が休息や介護を提供したこと、巡礼や旅人に水や食物を与えた場所にあるようです。

そのせいか、日本では緩和ケアを行う施設のことを「ホスピス」と呼ぶことが多いのですが、そもそもは人生の最終段階を迎えた人をもてなし、穏やかにすごしていただくために行われる、痛みや苦しみを和らげる治療やケアのことを指します。

私が2006年に開院しためぐみ在宅クリニックでは、24時間、365日の診療体制を整え、いのちの限られた患者さんや、高齢のため足腰の負担が増え通院が困難な患者さんが、住み慣れた自宅や介護施設で療養を続けることができるよう、定期的な訪問を行ったり、緊急時には往診などを行ったりしています。

訪問範囲は、基本的には5km圏内で、常に300人以上の患者さんと関わっていますが、高齢者の方や、末期のがんなど重い病気を抱えている方が多く、毎月平均して約30人(そのうち在宅で亡くなる方は約25人)の方が亡くなっています。

患者さんに対し、私が援助者として行っているのは、身体的な痛みを鎮痛剤などで和らげつつ、この世を去る瞬間までできるだけ穏やかにすごし、「生きてきて良かった」と思っていただけるためのお手伝いをすることです。

ただ、現時点で、医療や介護などに関わる方、人生の最終段階を迎える人やそのご家族への援助ができる方の数は、まだまだ十分であるとはいえません。

また、世の中には、さまざまな苦しみを抱えている人がたくさんいます。そんな方々への心のケアができる人も、まだまだ十分であるとはいえません。

そこで必要なのは、「苦しみが小さいうちに、苦しみを抱えた人に気づき、関わることができる人が増えること」です。

大きい火事を消すのは消防隊員でも難しいけれど、小さい火事ならだれにでも消すことができるように、大きな苦しみに対しては専門家でも介入が難しいけれど、小さな苦しみのうちから関わってくれる人がいたなら、苦しみを抱えた人が笑顔を取り戻せる可能性が高くなります。

その際に大事なのが、ユニバーサル・ホスピスマインドに基づいたケアです。

ユニバーサル・ホスピスマインドに基づくケアは、一部の人が行う一部の人のためのケアではなく、誰もが半径5メートルの苦しむ人に気づき、関わることができるというものであり、私たちは社会の中に、相互のケアの輪が広がっていくことを願っています。

くり返しになりますが、そうした社会の実現のためには、一人ひとりが自分自身や他者を肯定できるようになることが必要不可欠です。

この本が、その一助になれば、望外の喜びです。

小澤竹俊

小澤竹俊（おざわ・たけとし）

ホスピス医。1963年東京生まれ。87年東京慈恵会医科大学医学部医学科卒業。91年山形大学大学院医学研究科医学専攻博士課程修了。救命救急センター、農村医療に従事した後、94年より横浜甦生病院ホスピス病棟に務め、病棟長となる。2006年めぐみ在宅クリニックを開院。これまでに4000人以上の患者さんを看取ってきた。医療者や介護士の人材育成のために、2015年に一般社団法人エンドオブライフ・ケア協会を設立。一人でも多くの人が、生きてきてよかったと思える最期を迎えられるよう、力を尽くしている。著書『今日が人生最後の日だと思って生きなさい』、『もしあと1年で人生が終わるとしたら？』（アスコム）がベストセラーとなる。

自分を否定しない習慣

発行日　2023 年 12月 19日　第 1 刷
発行日　2024 年 1 月 4 日　第 3 刷

著者　小澤竹俊

本書プロジェクトチーム
編集統括　柿内尚文
編集担当　栗田亘
デザイン　小口翔平、青山風音（tobufune）
イラスト　山内庸資
編集協力・校正　村本篤信
本文デザイン・DTP　廣瀬梨江

営業統括　丸山敏生
営業推進　増尾友裕、綱脇愛、桐山敦子、相澤いづみ、寺内未来子
販売促進　池田孝一郎、石井耕平、熊切絵理、菊山清佳、山口瑞穂
吉村寿美子、矢橋寛子、遠藤真知子、森田真紀、氏家和佳子
プロモーション　山田美恵
講演・マネジメント事業　斎藤和佳、志水公美

編集　小林英史、村上芳子、大住兼正、菊地貴広、山田吉之、大西志帆、福田麻衣
メディア開発　池田剛、中山景、中村悟志、長野太介、入江翔子
管理部　早坂裕子、生越こずえ、本間美咲
マネジメント　坂下毅
発行人　高橋克佳

発行所　株式会社アスコム

〒105-0003
東京都港区西新橋2-23-1　3東洋海事ビル
編集局　TEL：03-5425-6627
営業局　TEL：03-5425-6626　FAX：03-5425-6770

印刷・製本　株式会社光邦

Printed in Japan ISBN 978-4-7762-1329-1

本書は2022年4月に弊社より刊行された
『あなたの強さは、あなたの弱さから生まれる』を改題し、大幅に加筆、修正をしたものです。

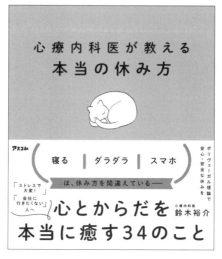